「行動力」で成功する人の7つの習慣

植西 聰
Uenishi Akira

KKロングセラーズ

プロローグ

行動することで縁ができて成功に結びつく

人はどうして悩み苦しむのでしょう。

多くの人にとって、その原因は、「求めているものと現実とのギャップ」にあるのではないでしょうか？

自由に使えるお金がもっと欲しいのに、全然給料が上がらない。

上司や同僚に一目置かれるような仕事ができる男になりたいのに、現実は失敗ばかりだ。

お互いの人生をサポートしあえる人と結婚したいのに、恋人どころか出会いさえない。

昔から起業したいという夢があるのに、もうずっとサラリーマンを続けていて、その夢をあきらめかけている。

誰もがそんな「ギャップ」を抱えていて、フッと溜め息をつく瞬間があるはずです。

本来、ギャップそのものは、悪いものではありません。

一部の人たちにとって、ギャップは、自分の成長を後押ししてくれるきっかけになります。

理想と現実のギャップを埋めようとがんばることで、自分を成長させることができるからです。

とはいえ、現実的に、そのギャップを前向きに受け止めて、自分の成長につなげられる人は、そう多くありません。

ほとんどの人は、ギャップを感じるたびに、自分を責めたり、環境や誰かを恨んだり、人生に対して投げやりな気持ちになったりします。

悲しいことですが、このような気持ちを持っていると、その人の運はどんどんマイナスに傾き、苦しみも大きくなっていきます。

なぜなら、人の心は、悲しみや怒り、諦めや無力感を感じるたびに、マイナスのエネルギーが増えてしまうからです。

そして、心の中のマイナスのエネルギーは、実際にその人の元にマイナスの出来事を引き寄せます。

そのため、自分の持つギャップに苦しめられている人は、いつまでたってもそこから抜け出すことができないどころか、どんどん悩みが大きくなってしまうのです。

あなたが今、理想とする人生と現実の人生との間に大きなギャップがあり、思うような生活を送れていないのは、心にマイナスのエネルギーがたまっているからかもしれません。

あなたは、「そんなのはイヤだ。私は悩みから解放されて楽しく生きたいのに」と思うでしょう。

しかし、どんなに幸せを願っても、あなたの心にある、マイナスのエネルギーが増えていく仕組みを壊さない限り、マイナスのサイクルから抜け出すことはできません。

あなたは、モヤモヤやイライラから解放されて、笑顔で毎日を送りたいですか？

もっと、自分に自信を持って、人生を悠々自適に進んでいきたいですか？

だったら、自分自身を少しずつ変えていく覚悟を持ってください。

もっと楽しく人生を生きるのは、そんなに難しいことではありません。

やり方はいたってシンプルです。

あなたの毎日に、これまでと違う「行動」をプラスするのです。

「やってみたいけど、今は無理」

「またあとでやればいいや」

「面白そうだけど、自分にはできるはずないし…」

そういう言葉を封印して、「やってみる」ことを選択するのです。

生活の中で、「これをやる」と「決断」して実際に「行動」する回数をどんどん増やしていくのです。

そうすると、その人の心には「やりたいことを実行に移せた」という満足感や、「自分も捨てたものではないな」という自信などが生まれてきます。

また、行動することは、不満の原因になっているギャップを埋めることにつながるので、動けば動くほど理想と現実のギャップは小さくなり、ネガティブな思いに悩まされる時間も減っていくのです。

すると、心の中はマイナスのエネルギーが減り、プラスのエネルギーが増えていきます。

こうなると、あなたの人生は少しずつ変わり始めます。

心の中にプラスのエネルギーが増えると、実際にプラスの出来事が引き寄せられるので、生活の中に幸せが増えていきます。

あなたには、夢がありますか？

夢とまでは呼べなくても、「こうなったらいいのになあ」という希望や、目標を持っていますか？

そして今、その願いを叶えるために、どんな行動をしていますか？

まだ何も行動していないというなら、この本を手にしたことをきっかけに、今日からやると決断して、行動するという毎日を選択していってください。

決断することは時として苦しいものですし、行動は面倒なものです。

しかし、人は何かをやり遂げた時、心にプラスのエネルギーが生まれます。

行動することで、自分を好きになり、自信も生まれてきます。

その積み重ねが、あなたのマイナスのスパイラルを壊し、望み通りの人生を手に入れる足がかりになるのです。

本来、あなたの運命は、あなたが思い描いた通りになります。

ただし、それはあなたが運命からの導きに従って行動できたら、の話です。

行動しなければ、運命は変わりません。計画を練っているだけでは、運命を動かすことはできません。

あなたの運命は、今日も空の上で、あなたが行動するのを待っています。

あなたが重い腰を上げて、本来の自分の人生を生きることを、今か今かと待ち構えています。

運命は、あなたの味方なのです。

あとは、あなたが決断するだけなのです。

目次

第1章
「やりたいと思ったら挑戦する」習慣

第2章
「すぐに始める」習慣

第3章
「その場所に行く」習慣

第4章
「目標を段階的にする」習慣

第5章

「誘われたら動いてみる」習慣

第6章
「行動を続ける」習慣

第7章

「人に喜びを与える」習慣

第1章
「やりたいと思ったら挑戦する」習慣

挑戦を、怖いことだと思っていませんか？　挑戦して失敗したら、大きな損をすると思っていませんか？　挑戦は、怖いものでもないし、大きな損をするものでもありません。あなたが「やりたい」と思う心に素直に従って始めた挑戦は、あなたをワクワクさせて、心にプラスのエネルギーを増やします。長い人生を充実させるためには、やりたいことに挑戦せず、ワクワクもドキドキも経験しない方がよっぽど大きな損といえるでしょう。枯れることを恐れて咲かない花はありません。枯れたらまた咲けばいいのです。その花にしかない美しさを咲かせる行為が美しいのです。この章では、挑戦することの意味や、なかなか挑戦できない人のための考え方のコツなどを紹介します。

❶ 運命はあなたの行動を待っている

まだやってみたことはないけれど、昔からずっといつか挑戦したい、と思っていることはありませんか？

なぜか気になって、自然と情報を集めてしまうようなことはありませんか？

理由はわからないけれど、「自分はこの方面に縁があるなあ」という分野はありませんか？

実際にはできていないけれど、ずっと願っていることがありませんか？

ある男性は、免許も持っていないのに、オートバイがとても気になります。

周りの友人もオートバイに乗っている人たちが多いのです。

「僕の周りにはオートバイに乗っている人が多いなあ」

「昔は僕も、オートバイに憧れていたけれど、今の家では置く場所がないし…」

と彼は思っていました。

この男性の周囲にオートバイに乗っている友人が多いのには、きちんとした意味があります。

それは、彼の未来からのメッセージなのです。

運命が彼に、「オートバイに乗るという夢を忘れてしまったの？」と問いかけているのです。

彼は小さな頃、テレビでオートバイを乗り回すヒーローを見て、オートバイをかっこよく乗り回す大人になりたいと願っていました。

しかし、社会人になり仕事が忙しくなるうちに、その夢をあきらめかけてしまっていたのです。

そんな彼がぼんやりしてこのまま人生を終えないように、あとで後悔しないように、彼の運命が、「ずっとこのままでいいの？　オートバイに乗らないの？」と誘っているのです。

運命は彼の行動を待っているのです。

❷ 夢は逃げない、逃げるのは自分

チャレンジしたいことがあるのに、実際は毎日、仕事や日々の雑用に追われて、一日がアッと言う間に過ぎてしまう、というのが多くの現代人の現実でしょう。

多くの人が、小さな夢を胸に抱きながらも、目の前にある用事に追い立てられて、それどころではありません。

そして、誰もが口をそろえてこう言うのです。

「あの件が先延ばしになっているのは仕方ないよ。私はこんなに毎日、やることが一杯あるんだから」

「夢なんてもともと、子供だけが見ることを許される幻想だよ」

結局、私たちは夢から逃げているのです。

夢はちゃんと私たちのそばにあって、私たちが行動することを待っているのに、その期待に答えられないのは、自分の責任です。

誰もあなたの夢を奪ったりはしないのです。

あなたが、夢から逃げているのです。

夢を本気でつかもうとしていないだけなのです。

夢から逃げることを繰り返していると、人生はあなたが望んだものと、どんどんかけ離れていってしまいます。

人生の時間は限られています。

できるか、できないかは、問題ではありません。

「このままではいけないような気がする」

「今日と同じような明日が来るのがイヤだ」

最近、そんなことを思う時間が増えたなら、あなたの心が動き出すのは、時間の問題かもしれません。

運命は今もそこで、あなたが動き出すのを待っています。

❸ 受身でいると時間だけが過ぎていく

今までの人生を振り返ってみて、印象的だったことを思い出してみてください。

すると、ドキドキしたことや、初めて何かを経験した時の記憶が、すぐに思い出せることに気付くでしょう。

例えば、初めてのデートや、初めてのアルバイトや、初めて就職した会社に行った時などの印象は、すぐに出てくるのではないでしょうか。

反対に、特別に変わったことをしていない日のことは、思い出せないものです。

そう考えると、年をとって人生を振り返った時に「充実した人生を送ってきたな」と思えるようになるためには、「新しい経験」と「初めての経験」をすることが大切なのかもしれません。

しかし、多くの人は、就職という節目を過ぎてしまうと、それ以降はなかなか初めての体験をする機会はありません。

なぜなら、進級や進学や運動などがあった学生時代と違って、社会人になってからは、自分から何かしなければ新しいイベント的なことは起きないからです。

社会人になると、昔のことを思い出して、「学生時代は良かったな」と思う人が多いのは、学生時代にたくさんの初めての経験をして、ドキドキしたり、ワクワクしたりした記憶を懐かしんでいるのでしょう。

繰り返しになりますが、大人になってからは、自分から何かを始めない限り、時間だけが過ぎていくことになります。

受け身でいたら、何も変わらないのです。

未来の自分がたくさん笑えるように、今から楽しい経験を重ねていきましょう。

新しいことに挑戦して、ドキドキやワクワクを体験しましょう。

「学生時代は楽しかったな」と過去を振り返ることと同じくらい、自分でこれからの人生を楽しくしていくことも重要です。

❹不安はあって当然と考える

「そんなこと言われても、実現するには時間がかかるよ」

「やりたいことがあるけど、タダではできないし…」

挑戦できない人には、不安を抱えやすいという特徴があります。

何かを始めたいという気持ちがわいてきても、

「でも、今と違うことをすることで、今より不幸な状態になったらどうしよう?」

という不安がすぐに大きくなってしまうのです。

あなたがもし、そういうタイプなら、そんな自分を卑下する必要はありません。

何かを始める前に、不安はあって当然です。

変化は、誰にとっても怖いのです。

どんな楽天主義者だって、変化を目の前にしたら一瞬不安がよぎるものです。

ですから、不安な気持ちがわいてきても、「これは自然なこと」と考えればいいのです。

それと、不安や恐れを持つということは、あなたがその目標に近い場所にいるという証拠です。

夢物語のような願望を持っても、それが現実化するはずがないという気持ちがあるから、不安になることはありません。

「年収一〇〇億円の大金持ちになるにはどうしたらいいのかな」

と考える時は、ワクワクするのに、

「今の二倍の給料を稼ぐためにはどうしたらいいだろう」

と考えると、緊張したり悲観的になったりするのはそのせいです。

言い換えれば、「不安」になる事柄というのは、とても現実的な目標で、成功する可能性が十分にある、ということです。

不安から逃げず、不安を冷静に受け止めることで、挑戦する勇気がわいてきます。

「不安はあって当然」と考えましょう。

❺「やってみたいことリスト」を作る

「少しずつ、新しいことに挑戦してみようかな」

と思ったあなたに、オススメの方法があります。

それは、ただ「やってみよう」と考えるのではなく、その内容をできるだけ具体的に書いてみるということです。

どんなに強い思いでも、頭の中で思っているだけだと、いつの間にかその情熱は消えてしまいます。

しかし、実際に書いてみて、その内容をいつも目に触れるようにすると、潜在意識にその願いが刻み込まれ、脳がその願いを叶えるために行動を始めようとするのです。

早速、「やってみたいことリスト」を作ってみましょう。

文字には力があります。

書いているだけでも、心がワクワクしてくるのがわかるはずです。

やってみたいことを書くだけでも、心にはプラスのエネルギーが増えるのです。

楽しい未来を思い描くことには、人を幸せにするパワーがあるのです。

「やってみたいことリスト」を書いている途中で、「やっぱり面倒だな」「ムリかもしれない」という不安な思いが強くなるかもしれません。

しかし、そこで書くことをやめないでください。

新しいことを始めるのは確かに大変なこともありますが、そのための行動は、あなたが思っているほどつらいものではありません。

なぜなら、他人の命令で好きでもないことを続けるのは苦しいものですが、自分が決めたことをするのは、苦労と感じない場合が多いからです。

ですから、恐れずに、まずは書いてみましょう。

あまり大げさに考えず、手帳の一ページに「やってみたいことリスト」のページを作ってみるといいでしょう。

毎日眺めていると、挑戦に向けて体が動き出すことでしょう。

❻何をしている時に幸せを感じるか

私たちの人生は、楽しむためにあります。

しかし、現実を見ると仕事がハードだったり、人間関係が面倒だったりして、楽しいことばかりではありません。

そんな中で、少しでも人生を楽しむためには、自分自身が「楽しい」と感じられる時間を作っていく必要があります。

新しい一歩を踏み出そうとか、行動することが大切、と言われるとちょっと腰が引けてしまう人が、意外と多いと思います。

「今の生活に不満を感じてはいるけれど、改めて何か始めると言われても、何をしていいかわからない」

という人も、いるかもしれません。

そういう人にとっては、目標を立てること自体がストレスになることもあります。

あなたがそういうタイプなら、難しいことは考えずに、「自分が楽しいとか、幸せだと感じられる時間を増やす」ことを目指してみるといいでしょう。

「人生を充実させるために、何か新しいことを始めなければ」と考えると、逃げ出したくなってしまう人も、

「今よりもっと楽しく生きるためには、どうしたらいいかな？」と考えれば、色々なアイデアが浮かんでくるのではないでしょうか？

前の項目で「やってみたいことリスト」を紹介しましたが、その代わりに、「楽しむことリスト」を作るのも、新しいことに挑戦するためのいい方法です。

社会で成功を収めることや、大きな夢を叶えることだけが、挑戦ではありません。

いつも人生を楽しんでいて、自分自身や周りの人をハッピーにすることが天命という人だっています。

もっと楽しく生きるための挑戦だって、大きな意味があるのです。

❼ できる理由を数えてみる

やりたいことがあるのに行動に移せないという人は、何かを始めようとする時に、できない理由がどんどん浮かんできてしまうようです。

そんな人は、できない理由が浮かんできてしまったら、すぐに「できる理由」を書きだしてみることをオススメします。

例えば、次のようなことが考えられるでしょう。

1 自分は健康である
2 日本は、法律を守る限り、自由にやりたいことをできる国だ
3 自分にはいざという時に励ましてくれる家族や友人がいる
4 自分は読み書きや計算ができる
5 本を読んだりセミナーに行ったりすれば、やりたいことを学ぶことができる

6 自分と同じような環境からスタートして、夢を叶えている人がいる
7 失敗しても命までとられるわけじゃない

こうやって、「できる理由」を書き出しているうちに、心の中に自信がわいてくるはずです。自信は、大きなプラスのエネルギーを持っています。ですから、自信を持つことは、前に進む力になってくれます。

日本で生まれて日本で育つと、本当はとても恵まれた環境にあるのに、それを「あたりまえ」に感じてしまうことも多いと思います。

しかし、冷静に他の国の環境と比べると、私たちは間違いなくチャレンジしやすい状況にあるといえるでしょう。

自由がない国や、食べることさえままならない国に住む人たちから見たら、私たちが挑戦することをためらう理由など、どこにもないように見えます。

⑧ 反対する人にどう対処するか

夢とか目標を誰かに打ち明けた時、

「いいと思うけど、現実的には難しいんじゃない？」

「そんなにうまくいくの？」

「やめたほうがいいんじゃない」

などと言われると、一気に自信がなくなってしまうものです。

しかし、周りの人たちの声を気にする必要はまったくありません。

人は、自分の周りの人が、自分より幸せになろうとすると、嫉妬したり、足を引っ張ったりすることがあります。

自分は何も新しいことに挑戦せずに、つまらない毎日に甘んじているのに、他の人がそこから抜け出して、幸せになることがイヤなのです。

そういう人たちの意見に、耳を傾ける必要はありません。

あなたが勇気を出して打ち明けたことを、どんなことでもすぐに反対するような人たちは、マイナス思考の人です。

それらの人々の心はマイナスのエネルギーで一杯なので、一緒にいると影響を受けて、チャレンジする気が失せてしまいます。

もし、誰かが、あなたの勇気に冷や水をかけるようなことを言ったら、

「心配してくれてありがとう」

と言って、静かに距離を置けばいいのです。

他人の言葉に、落ち込んだり、腹を立てたりするのは、時間の無駄です。

他人のことは気にせず、自分のやりたいことをやりましょう。

「人にどう言われてもいい」

「反対されたってかまわない」

「人の意見より、自分の気持ちを大切にしよう」

その覚悟が決まると、挑戦することが怖くなくなります。

⑨期限があると行動できる

前から挑戦したいことがあるのに、ずっと迷っていて前に進めないのなら、期限を定めてしまうのも一つの方法です。

期限内にそれができなかったら、この目標は諦める、と決めてしまうと、自分の心にスイッチが入ることがあるからです。

ある男性は、昔から海外に住んでみたいという夢がありました。

しかし、「そのうち行こう」と思っているうちに、大学時代は終わり、社会人になると休みを取ることさえままならない状況になってしまいました。

海外旅行のパンフレットなどを見るたび、彼は昔の夢を思い出します。

「もうあの夢はいいや。年を取って定年退職してから、どこかに移住でもしよう」と思うこともあるのですが、心の奥では、「やっぱり若いうちに海外に住んでみたい」という声が聞こえていました。

二四歳の時、彼はその声を無視しました。二六歳の時も、その心の声を無視しました。

しかし、二八歳になった彼は、とうとう無視できなくなりました。

そして、会社には休職願いを出して、ワーキングホリデーに申し込んだのです。

実は、ワーキングホリデーはほとんどの国が一八歳から三〇歳までという年齢制限を設けています。それを知っていた彼は、二八歳になった時に、「ここで動かないと本当にマズイ」と思い、行動することを決めたのです。

年齢制限が、彼の背中を押したといっていいでしょう。

彼だけでなく、ワーキングホリデーに申し込んで渡航する人たちはギリギリの年齢の人が多く、「ギリホリ」という言葉まであるそうです。

この例でもいえることですが、人は「いつまでにやらないといけない」という期限があると行動力が増します。

人生は、長いようで短いものです。あなたも自分の夢に、期限を設定してみると、行動する勇気がわいてくるかもしれません。

⑩ 思うことと行動することの違い

思うことと、行動することの間には大きな開きがあります。

あなたの頭の中に、もし実行すれば大金持ちになれるような素晴らしいアイディアが隠されているとしても、それを行動に移さなければ、そのアイディアはないのと同然です。

あなたが、自分の夢を叶えるための方法を綿密に計画し、みんなから、

「これなら絶対にうまくいくよ」

と言われるやり方を見つけたとしても、それを実際にやらなければ、結局、何の計画も立てなかった時と同じ結果になります。

あなたがどんなに優しい心を持っている親切な人だとしても、他人に優しさや親切を示すような行動をしなければ、結果的には冷たい心を持っている人と同じになってしまいます。

このように、頭の中で考えていることや、心の中に温めていることは、それがどんなに素晴らしいものであっても、実行しなければ何の意味もないのです。

それは、とてももったいないことだと思いませんか？

多くの人は、やってみればできることを実際はやらないで時間だけが過ぎてしまう、という体験を、毎日重ねています。

「いつかやろう」

「そのうち、やりたい」

「来月からやろう」

と思っているうちに、状況は変わってしまい、今あるアイディアや夢の叶え方が実行できなくなってしまう可能性だってあります。

挑戦を恐れたり、面倒がったりしていると、人生はいつまでたっても変わりません。

あなたの心にある素晴らしい考えを、ないものにしてしまっていいのですか？

それは、とてももったいないことだと思いませんか？

⓫ 死ぬ前に後悔しないか

やってみたいことがあるのにそれを先延ばしにして、「そのうちやろう」と思っている人はたくさんいます。

そういう人は、「自分はいつまでも元気だ」「その気になれば、いつだってチャレンジすることができる」という前提でいるから、やりたいことを平気で先延ばしにできるのです。

あなたがもしそのタイプなら、あまりにものんきだといえるでしょう。

たとえば、明日、リストラにあう可能性だって、ゼロではありません。

昨日まで健康だった人が、体調を崩して、会社を休職してしまったなんてことも、珍しくない話です。

そうなれば、来月の家賃や次の仕事のことが心配になり、夢を追いかけるどころではなくなってしまいます。

おどかすつもりはありません。

しかし、もしもそういう状況が起きた時、「あの時、やっておけばよかった」と後悔するのは、悲しいことだと思いませんか？

仕事は忙しいけれど、テレビを観る時間も、週末には昼寝をする時間もある。健康だし、周囲に心配するような大きな問題もない。

その今の状況は、少し見方を変えれば、決して普通のことではなく、とても恵まれた状況なのです。

死ぬ前に、「あれをやっておけばよかった」と思って後悔するほど、悔しいことはありません。

今ならできます。

それなのに、やらない理由は何ですか？

元気に動き回れる時間はずっとあるものではありません。

元気なうちに、行動することが大切なのです。

⑫恐れているものを受け入れる覚悟を決める

行動したいと思っているのに、なかなか決断できない時、心の中に何かを恐れる気持ちがあることがあります。

「これを実行したら、今のようにのんびりできる時間がなくなる」

「これを始めたら、睡眠時間が削られるだろう」

「これをやったら、周囲の反対に合うかもしれない」

「せっかく貯めた貯金が減ってしまう」

そんな風に、何かを実行することで支払わなければならない損失や犠牲のイメージが膨らんでしまうと、なかなか動けなくなってしまうものです。

それに、そのような考え方をしていると、心にマイナスのエネルギーが増えるので、ツキまで落ちてしまいます。

そんな時は思い切って、恐れていることを受け入れる覚悟を持ちましょう。

そうすると、挑戦する勇気がわいてくるものです。

「貯金がなくなったら、また働けばいい」

「家族から呆れられても、今は仕方ない。結果を出せば、理解してくれるだろう」

「最初の一年くらいは、自分の時間がなくなったっていいや」

そんなふうに、ある意味で腹をくくることで、不安を恐れる気持ちが小さくなっていきます。

そして、「やってみようか」という気持ちが強くなるのです。

最近、会社を辞めて自営業を始めたある男性は、不安に負けそうになった時、「命までとられるわけではない」と言いながら、不安を乗り切ったそうです。

何かを得るためには、犠牲や困難やリスクがつきものです。

そこから逃げるのではなく、最悪の場合も受け入れる覚悟を持つことで、挑戦する勇気がわいてくるでしょう。

第2章

「すぐに始める」習慣

「光陰矢のごとし」ということわざもあるように、時間は意識しないでいると、アッと言う間に過ぎてしまいます。朝起きて、会社で仕事をして、家に帰ったあとテレビを観て、パソコンを見ていたら、もう寝る時間。週末はゆっくり起きて、部屋の掃除と買い物を済ませたら、アッという間に夜になってしまった。こんな毎日を繰り返していると、一カ月や一年はすぐに経ってしまいます。そして、「ああ、私は何もやっていない」と落ち込むことになるのです。人は、何かをやろうとしても、その場で決断して行動に移さないと、どんどん先延ばしをするクセを持ってしまいます。行動する自分になるためのポイントは、何事も「すぐにやる」ことです。ひとつのことをすぐにやるクセがつくと、あなたが人生で行動する機会は加速度的に増えていきます。そして、動いたら動いた分だけ、人生は変わっていくのです。

❶今日から新しいことを始める

「思い立ったが吉日」ということわざがあります。

「これをやりたいな」と思った日が、それを始めるために一番いい日である、という意味です。

しかし、やりたいことの内容が、「部屋の模様替え」とか、「おいしいものを食べる」とか、簡単なものでない場合は、その日のうちに始めることはあまり現実的ではありません。

そこでオススメしたいのが、「今日中に、小さなことでもいいので、とりあえず手をつけてみる」ということです。

ポイントは、思っていただけの昨日までと違い、一つでもいいから実行してみる、というところにあります。

たとえば、「転職したい」と思っているなら、今日中に転職するのはムリでしょう。

しかし、そこで何もしないのではなく、小さなことで、すぐにできることをやってみるのです。

例えば次のようなことです。

転職経験のある友人に電話をして、食事をする約束をとりつける。

転職情報が送られてくるインターネットのサイトに登録する。

自分の手帳に「年内に必ず転職する」と書く。

キャリアカウンセラーに面談を申し込む。

履歴書を買ってきて、書けるところを書き込む。

こんなふうに、すぐにできることも、意外と多くあるのです。

大切なのは、昨日までやっていなかった何かを始めてみる、ということです。

同じことの繰り返しだった毎日に、小さな変化を加えるのです。

小さな一歩でも、新しい一歩を踏み出すことは、何もしないことよりずっと価値があります。

❷「○○に決めた」を口ぐせにする

思いついたことをなかなか実行に移せないという人に、オススメの言葉があります。

それは、「○○するって、決めた!」という言葉です。

「今年こそ、ハワイ旅行に行きたいなあ」

と毎年言っていて、実現していないという人は、今日からこう言いましょう。

「今年こそ、ハワイ旅行に行くって決めた!」

すると、それを聞いた周囲の人たちが、

「いつ行くの?」

「どこに泊まるの?」

「お土産買ってきてね」

などと言いだします。

すると、実際に、思っていただけの時と違って、ハワイに行く準備をしないといけないような気分になってきます。

「私の知り合いが旅行代理店に勤めているから紹介するよ」

「スーツケースを持っていないなら貸してあげるよ」

「向こうにオススメのレストランがあるよ」

などと言う人も出てくるかもしれません。

そうなると、もう後にはひけません。

「ハワイに行きたいなあ」と思っていただけの頃とは違い、有給休暇はいつとろうとか、誰を誘おうとか、やるべきことが具体的になってきます。

考えていることと、決断することの間には大きな開きがあります。

シンプルな方法ですが、「○○に決めた」と言い切ることは、自分が本気で覚悟を決めるのに、とても有効です。

そして他人に言えば、なおさら行動せずにはいられなくなります。

やりたいことがあるのに、なかなか決断できない人はやってみるといいでしょう。

❸ いきなり本題に入る

勉強しようと思って机の前に座ったら、部屋の汚れが気になって、気付いたら大掃除を始めていた…。

そんな経験は、誰にでもあるのではないでしょうか？

このように、大事なことをやろうとすると、別のことが気になってしまう、という心理現象は、子供だけでなく、大人にもあるものです。

そして、何か別のことに手をつけてしまうと、そちらにどんどん時間をとられてしまって、結局、やりたかったことはちっともできなかった、という結末になってしまいます。

そんな失敗を防ぐために、「さあ、やるぞ」と思ったら、いきなり本題に入ることをオススメします。

例えば、小説家になりたいという夢があって、今日から小説を書き始めると決めたとします。

そうしたら、パソコンを開いたら他のことは一切せずに、小説を書き始めるのです。メールをチェックしたり、インターネットで今日のニュースを見たりするのは、どんなに短時間で済むことでもすべて省略です。

机の上にほこりがあって気になっても、掃除を始めてはいけません。机の上にある雑誌を広げたくなっても、開いてはいけません。

小説を書くこと以外のことは、どんなに気になっても後回しです。

「これ以外は、絶対にやらない。これだけをやる」

という意識を持って、行動に取り組むのです。

人は苦手意識があることは、色々な理由をつけて先延ばししたくなるものです。

しかし、いざ始めてしまえば、意外とすんなり進めることができたりします。

大切なのは、最初の一歩を踏み出すことです。そのために、いきなり本題に入るやり方を取り入れてみてください。

❹「さあ、○○を始めよう」と口に出して言う

言葉には力があるということは、すでに述べました。

そのエネルギーは、書く時だけ発揮されるのではありません。

言葉を口に出して言うだけでも大きな成果があります。

例えば、「この仕事を今月中に終わらせなければ…」と心の中で考えている時、それを思うだけだとなかなか行動に移せないものです。

その結果、締め切りの直前になってアタフタと仕事を仕上げることになり、いつもあとで反省する、というようなパターンを繰り返している人が多いのではないでしょうか？

そんな人は、心の中で考えていることを、口に出して言ってみましょう。

試しに今、

「さあ、部屋の掃除を始めよう」

と言ってみてください。

なんだか、掃除をしたい気持ちになってきませんか？

頭の中で「部屋の掃除を始めよう」と思っただけの状態と比べると、ずっとやる気がわいてくるのがわかるはずです。

それにはちゃんとした理由があります。

何かを考えていただけだった時、私たちが使っているのは脳だけです。しかし、思いを口に出してみると、口も使うし、耳も使います。

自分の発した声が自分の耳から入るのです。

そうやって、体の色々な部分を使うことで、体に本気のスイッチが入り、行動に移すパワーがわいてくるのです。

何か面倒なことや、やりたくないことをする時も、口に出して言うことは有効です。

「○○を始めよう」と口に出し、上手に取り入れて、素早く行動できる自分を目指しましょう。

⑤雑誌に載っていたレストランに行く

先延ばしにすることがクセになっている人にとって、すぐに習慣を変えることは簡単ではないかもしれません。

そんな人は、思いついたことを素早く行動に移せる自分になるために、日頃から訓練をするといいでしょう。

簡単にできることの一つに、雑誌やテレビなどを観て「ここに行ってみたいな」と思った場所に、実際に出かけてみる、ということがあります。

考えてみると、生活の中で「ここに行ってみたい」と思うことはよくあるのに、実際に足を運んで出かけることは、滅多にないのではないでしょうか？

レストランに限らず、仕入れた知識を実際の生活に生かすことは、人生を効率よく、そして幸せに生きるために効果的です。

世の中を渡っていく上で、豊富な知識は確かに役立ちます。

しかし、人生で役に立つのはいつも、経験から学んだ知恵です。

異業種交流会や高いセミナーにお金を払って、最新の情報を集めても、本を読んだりインターネットに張り付いたりして知識を高めても、結局のところ、それを使いこなせなければ意味がないのです。

情報を使いこなすというのは、実際の生活の中で、その情報を使うことで、なんらかのメリットを得るということです。

情報誌においしいレストランの情報が載っていたら、実際に行ってみて、味を確かめて、「おいしかった」と実感することができて、初めてその情報を生かしたといえるのです。


このように、情報を集めて、そこから思いついたことを決断し、行動に移すというのは、行動力を増すためのとてもいい練習になります。

❻ 万全の体制で始める必要はない

なかなか行動に移せないという人にその理由を聞くと、

「準備が万全ではないから」

「まだまだ勉強が足りないから」

など、色々な理由を挙げるものです。

しかし、「万全の態勢」というのは、いつまでたってもやってこないものです。

今の仕事が終われば、次の仕事が入ってきます。

今勉強していることが終わっても、次に勉強することが出てきます。

そう考えると、私たちの人生に、「万全の態勢」で臨める瞬間なんて、ほとんどないのかもしれません。

ですから、「万全の態勢」が整うまで待っているタイプの人は、最初の一歩を踏み出すことができないのです。

もし、あなたがまだ行動を始められないでいる理由が、

「自分にはまだ、スタートラインに立つ資格がない」

「資金や知識が足りない」

というなら、今日からスタートラインに立つための行動を始めましょう。

資金が足りないなら、いくら足りないのか計算して、それを集めるための行動を開始しましょう。

知識が足りないなら、勉強を始めましょう。

「これが足りないからまだできない」と言って、何もしないでいるのは、何もしたくない人の言い訳です。

何もしない状態を続けている限り、何事も起こらないでしょう。

もちろん運命はあなたの味方をしないでしょう。

今いる場所で、できることが必ずあります。

小さな一歩でも、まずは踏み出すことが肝心なのです。

❼ 必要なものは後からついてくる

思想家のウォレス・ワトルズは、次のような言葉を残しています。

「あなたが前へと進みはじめれば、あなたのまわりのものも、あなたの成長を促すかのように、おのずと整いはじめるのです」

あなたがもし、「行動するためには、まだ必要なものが整っていないから」という理由で、何かを始めるのを迷っているなら、それは、誤解です。

あなたは「足りないからまだ始められない」と思っているのでしょう。しかし、実際は「始めないから足りない」のです。

今、不足しているものは、行動を始めながら集めた方が、きっとスムーズに手に入るでしょう。

例えば、ある会社員の女性が、実家を出て一人暮らしをしようと計画していました。

しかし彼女は、一人暮らしをするための冷蔵庫や洗濯機などを持っていません。

それらを買うお金が足りるか不安だった彼女は、いつまでたっても実際にアパートの部屋を見に行くことはなく、インターネットで希望の街のアパート情報などを見ているだけでした。

ところがある時、東京の大学に行っていた妹が地元に就職して実家に戻ってくるという理由で、両親から早く引っ越すように言われました。

そして、今度は本当に部屋探しを始めたのです。

すると、周りから、

「いらない洗濯機があるからあげるよ」

「冷蔵庫が余っているから使う？」

というように次々と家電や家具が集まり、必要なものはすべて手に入ったのです。

本気で行動を始めると、このように周りから必要なものが集まってきます。

必要なものが揃うのを待つのではなく、行動しながら、必要なものを引き寄せればいいのです。

必要なものは行動すると後からついてくるのです。

❽ 直感を信じる

「本当にこっちに進んでいいのかな?」

大きな決断を前にすると、心にはそんな迷いが生じるものです。

しかし、いつまでも迷っていると、前に進むことができません。それどころか、チャンスを他の人に奪われてしまうこともあります。

人生は、選択と行動を繰り返すことで、前に進んで行きます。

選択をしなければ、行動することさえできません。

「どっちにしようか?」と言っている限り、今いる場所から動けないのです。

いつも迷ってしまう人は、自分の直感をもっと信じましょう。

人は大昔に、野生動物や天災から身を守るために、直感で素早く行動する能力を持っていました。

あなたの中にもそのＤＮＡは存在しています。

直感を感じにくいという人は、一人でいる時、目を閉じて、深呼吸してから、自分の心に質問してみてください。

「こっちに進んでいいでしょうか?」

すると、心の奥から返事が聞こえてくるはずです。はっきりとは聞こえなくても、「YES」の時は温かい空気を感じたり、安心したような気持ちを感じたりすることができるでしょう。

行動には、リスクがつきものです。「こっちに進めば絶対に大丈夫」という行動はありません。

だいたい、何も始めていないうちから、勝手に結論を想像するのは考えものです。結論は、すでに決まっているものではなく、それを始めてから、自分自身で作っていくものなのです。

もっと、自分の心が感じることに敏感になりましょう。

自分を信じられるようになると、幸せへと進むスピードが増していきます。

❾「やることリスト」を作る

自分がやるべきことのリストを作ると、行動が加速します。

なんでもかんでも同じように書くのではなく、重要度の順にA、B、Cという風に分けて作っていくと、スムーズに計画を進めていくことができるでしょう。

あるアメリカの有名な経営者が、日本人のコンサルタントに業績を上げたいと相談したところ「一千万円払ったら教える」と言われました。

そこで一千万円払って教えてもらったことが、このリスト作りだった、という話を聞いたことがあります。

この経営者は、だまされたと思って実際にやってみると、本当に業績が何倍にも上がったということです。

シンプルな方法ですが、効果があることがわかるでしょう。

やることがたくさんあって、何から手をつけていいかわからない時、人の脳はパニックになって、固まってしまうことがあります。

そうなると、時間を無駄にしてしまいます。

時間を無駄にしないために、「やることリスト」を作って、それに沿いながら行動を進めていくのは、とても有意義なやり方なのです。

ここで大切なのは、緊急度だけでなく、重要度も重視することです。

緊急度だけを優先していると、目の前の仕事や雑用に追われて、夢を叶えるための行動は、後回しになってしまいます。

毎日のスケジュールの中に、「急がないけれど大切なこと」を着実に組み込んで、やり遂げていくことが、人生を動かしていくためにはとても重要なのです。

あなたが、今日やるべきことはなんでしょうか。

それがわかったら、一番重要なものからとりかかりましょう。

これをやってみた人と、やらなかった人とでは、一年後には、大きな差がついてしまうでしょう。

⑩ 電話や手紙の返事はすぐに出す

すぐに行動する自分になるために、いい訓練があります。

それは、電話や手紙の返事をすぐに出すことです。

相手からの連絡を受けると、すぐに返事をした方がいいと思いながらも、「もう少しあとでいいや」と思ってしまうものです。

そういう時、先延ばしにしたい気持ちを封印して、その場で返事をするのです。

すると、とてもスッキリした気持ちになります。

返事をもらった方も、「返信の早い人だ」とあなたを見直すでしょう。

また、すぐに電話を返したり、手紙を出したりすると、返事の内容を簡単に済ませられるというメリットもあります。

素早く返事を返す時は、「ありがとうございます。うかがいます」とか、「了解です。よろしくお願いします」でも失礼にはあたりません。

それが、相手から連絡をもらって数日以上が経過すると、「お返事が遅れてすみません。例の件が立て込んでいてバタバタしていまして」などと、返事が遅れた言い訳や、お詫びの言葉も書き添えなければならなくなります。その文脈を考えるだけでも意外と面倒なものです。

それに、返事が遅れたことで、「だらしのない人だと思われたかな」と不安を感じることにもつながるでしょう。

人は、一度先延ばしにするとどんどん先延ばしにしていく傾向があります。

ですから、最初が肝心なのです。

「明日やればいいや」と思っても、「でもやっぱり、今やろう」と思い直すクセをつけましょう。

何でもすぐに返事をする習慣を身につけると、すべてのことに対してすぐに行動することが身につくでしょう。

⑪ 過去の自分を肯定する

なかなか最初の一歩を踏み出せない時、過去の自分に対する不信感が原因になっていることがあります。


「絶対やる」と言ったことをやらなかった。

最後までやりきることができなかった。

自分が行動したことで、周囲に迷惑をかけてしまった。


そんな経験を持っていると、自分を信頼することができません。

そのため、やりたいことがあっても、「また途中でやめてしまうかもしれない。だったらやらない方がいい」と思ってしまうのです。

そんな人には、過去の自分を許す作業をしてほしいと思います。

やり方としては、目を閉じて、今の自分が昔の小さな自分をハグするシーンを思い浮かべて、次のように言葉をかけます。

「いいんだよ。人生にはできないことだってあるんだよ。次のチャレンジはきっと最後までできるよ。それが成長なんだよ」

親や先生などに、「お前なんて何もできない」というようなことを言われて、それが前に進めない原因になっている場合は、

「親だって先生だって人間なんだから間違うこともあるさ。自分の価値は自分で決めるものだよ。だから、あの人のことは許して、自分の道を進もう」

というように、自分にトラウマを与えた人物を許すと同時に、自分を励ます言葉をかけてあげましょう。

それができたら、過去の自分の体が光で包まれて、心の奥にあった黒い闇が消えていく自分の姿をイメージしましょう。

すると、心の奥にあるマイナスの記憶が薄らいでいくはずです。

そうやって過去の記憶を浄化することで、前に進む勇気がわいてくるでしょう。

⑫ 人の持ち物をアテにするのをやめる

誰かが何かをしてくれるのを待っていると、物事がなかなか進まなくなってしまいます。

私たちは時々、自分にないものを持っている人にあこがれ、その人たちにチャンスやお金や知恵や人脈などを貸してもらいたいと考えます。

不安な気持ちが、「あの人と組めば安心」という思いを強くするのです。

しかし、誰かの都合を待っていると、一番の財産であるあなたの時間を失ってしまうかもしれません。

そもそも、あなたにとって大切なことが、相手にとっては、優先順位が高いとは限りません。

「来月になったら時間ができそうだから。あの件はもう少し待っていて」

「たぶん手伝えると思うけど、今はちょっと動けないんだよ」

そんなことが何度も続くようなら、相手には「お忙しいようですね」と丁寧にお断りして、自分一人で計画を進めた方がいいでしょう。

誰かの力を借りることを前提にしていると、どこかに自分がすべての責任を負わなくてもいい気持ちを持つものです。

本気になっているようでも、人任せにしている部分があるのです。

人を当てにするのをやめて、

「誰も頼らない。一人で全部やってみせる」

そう覚悟を決めることで、心の中から力がわきあがってくることを実感できる人もいるでしょう。

あなたを幸せにできるのはあなただけです。

誰かから、何かをもらうことを期待している人に、幸せは訪れません。

あなたの持っている物だけで、目標を叶える方法は必ずあるはずです。

第3章

「その場所に行く」習慣

運命を動かしていくには、そのための行動が必要です。そして、とても早く効果が期待できるのが、自分が「こうなりたい」と思うことと関係のある場所に行ってみることです。興味のある分野と関係のある場所に行くことは、関係する人と出会う、インスピレーションがわいてくる、やる気がアップするなど、たくさんの成果が得られます。幸せは待っているだけではなく、自分からつかみ取りに行くことで、手に入るものです。行動範囲を広げましょう。あなたが出かけたその先で、運命を開く素晴らしいチャンスに出会えるかもしれません。

❶ 情報を集めてみる

何かやりたいことがあるなら、そのために役立つ情報を集めてみましょう。

ポイントは、ただ読んだり見たりするだけで終わる情報ではなく、実際に自分が足を運ぶ必要がある情報を集めることです。

カメラに興味があるなら、カメラの専門誌を見たり、独学で学んだりするだけでなく、カメラの技術を学べる場所や、カメラの勉強をしている人たちが集まる場所を調べるのです。

プロのカメラマンのセミナーでもいいですし、撮影会でもいいですし、カメラ好きの人たちが集まる交流会でもいいですし、カメラのカルチャースクールの情報でもいいでしょう。

こういう話をすると、

「僕の興味がある分野は専門的だから、そんな集まりなんてないと思います」

と言う人がいます。

しかし、そういう人も、本気になって情報を集めてみれば、たいていはセミナーや、同じ趣味を持つ人たちの集まりなどが見つかるものです。

日本には、一億数千万人の人がいます。

性格も趣味も好きなことも、多様性に富んでいます。

しかし、一人が「これは面白いな」と思ったことは、同じように「これは面白いな」と思う人が、数千人はいるものです。

ですから、どんな分野でも、たいていはイベントや勉強会などの情報が見つかるのです。

インターネットや専門誌など、情報を集める方法はたくさんあります。

今度の週末に出かけることを目標に、早速探してみてください。

❷ 迷わずその場で申し込む

自分の興味のあるイベントや勉強会などを見つけたら、迷わずにその場で申し込んでしまいましょう。

「行きたいけど、知っている人がいないし、どうしよう」

なんて思っていると、すぐに締め切りが過ぎてしまいます。

「まだ締め切りまで日があるから、あとで申し込めばいいや」

なんて思っていると、すぐに満席になって、結局申し込めなくなってしまうかもしれません。

お金が少し足りないとか、まだその日の都合がはっきりとわからないとか、申し込まないための理由は色々と出てくるでしょう。

しかし、そこで迷ってはいけません。

チャンスをものにして、夢をかなえていく人というのは、こういう時、

「お金はこの日までになんとかすればいい」

「もし予定がかぶってしまったら、許されるならばもう一つの予定を別の日にずらしてもらうことにすればいいや」

というふうに、考えるものです。

万が一、その集まりが面白くなかったとしても、友だちができるかもしれませんし、知らない街を歩けるだけでも楽しいかもしれません。


何もしないのが、一番いけません。

何もしないと、あとで後悔するかもしれないし、行動できなかった自分にマイナスの気持ちを抱くかもしれません。

そうすれば、心にはマイナスのエネルギーが増えてしまいます。

「これ、行ってみたいな」

「この人の話を聞いてみたいな」

そう思ったら、迷わずにその場で申し込むようにしましょう。

❸ 興味のあることを人に伝えておく

自分の興味あることを周囲の人に伝えておくと、その人がそれを覚えていて、関係のある集まりなどに誘ってもらえることがあります。

ある男性は、「本を出したい」という夢がありました。

彼は名刺の裏に、「今年の目標は本を出すことです」と書き込んでありました。

すると、ある時に、この名刺を見た人に、

「今度、編集者の友人と食事するから、一緒に来ない？」

と誘われたのです。

彼は、その日までに張り切って本を出すための企画書をまとめて、紹介された編集者に見てもらうことができました。

そして、今度はその編集者に、

「自分の出版社ではちょっと無理だけど、この分野に強いBという出版社なら行けるかもしれない」

と別の出版社の編集者を紹介してもらい、そこで本を出すことができたのです。

この男性が、自分の夢を胸の中にしまい込んでいたら、きっと今でも彼の夢は叶っていなかったでしょう。

彼は名刺を通じて、たくさんの人に自分の夢を伝えることで、成功のチャンスをつかんだのです。

また、これはある女性の体験なのですが、死ぬまでに一度会ってみたい有名人がいて、それをことあるごとに人に言っていたのです。

すると、「この人に会いたい」と目標を決めてから三年後、人の紹介を介して、本人に会うことができたそうです。

どうしても会ってみたい人がいるなら、そのことをたくさんの人に伝えることで、夢が叶うかもしれません。

❹ 気になる場所には行ってみる

誰でもそうですが、夢に向かって本気のスイッチを入れて、実際の行動を始めると、これまでよりも勘が鋭くなります。

本気になると、脳の内部にも変化が起こり、情報を集めるアンテナが精度を増すのです。

ですから、日常の中で「どうも、この場所が気になるな」というところがあったら、自分の夢には直接関係がなくても、行ってみるといいでしょう。

ある女性は、いつもは同窓会の案内が来ても行こうと思わず、「欠席」の返事ばかり出していました。

ところが、ある時に「なんだか、今年は同窓会に行った方がいい気がする」という直感が働き、その年初めて、大学の同窓会に出てみたのです。

すると、そこに大学時代に仲の良かった男友だちが来ていて、その再会をきっかけに、二人は結婚することになったのです。

相手の男性も、同窓会に参加するのは初めてだったので、とてもラッキーなことでした。

実は、その女性はこの同窓会の案内が届く三カ月くらい前から、

「絶対に年内に相手を見つけて、来年には結婚したい」

という目標を決めていたのです。

その目標を立てたことで、彼女の直感が以前より鋭くなり、この同窓会に彼女を導いてくれたのでしょう。

「なぜかわからないけど、この場所に行ってみたい」

「ここに行った方がいい気がする」

と思ったら、その直感に従いましょう。

運が開けるかもしれません。

❺同じ境遇の人から学べるというメリット

悩みがある時は、一人で考えていると、どんどん暗い気持ちになってしまうものです。

そして、自分が世界一不幸で恵まれない境遇のように感じてしまったりします。

そんな時は、同じ境遇にある人が集まる場所に行ってみると、気持ちが楽になったり、問題が解決するヒントが得られたりするかもしれません。

あるA子さんという女性は、「赤ちゃんが欲しい」という目標があったのですが、なかなか妊娠しませんでした。

そんな時に、「赤ちゃんが欲しいママ集まれ」というイベントを見つけ、思い切って参加してみたのです。

すると、自分と同じ悩みを持った人がたくさんいることに、まず驚きました。

そして、「苦しいのは私だけじゃないんだ」と思ったら、とても気持ちが軽くなったのです。

A子さんの場合、問題がデリケートなことなので、身近なところに相談できる人もいませんでした。

しかし、同じことで悩んでいる人には、初めてとは思えないほど、素直な気持ちで自分の思いを打ち明けることができました。

彼女はそこで出会ったB子さんから、オススメの病院を紹介してもらいました。

A子さんはすぐにB子さんに紹介された病院に行ってみました。

そして、治療に通ううちに、念願の赤ちゃんを授かったのです。

A子さんは赤ちゃんのいるママに病院を紹介されても複雑な気持ちになって行動できなかったのです。しかし同じ境遇のB子さんに紹介された病院には、すぐに行ってみる気になりました。

それが奏功したのです。

このように、自分と同じ境遇の人に会うことは、大きなメリットがあるのです。

⑥関係する場に行くとやる気がわいてくる

何か目標を立てた時、最初のころのやる気を維持するのはなかなか簡単ではありません。

時間が経つにつれて、当初の「何が何でもやってやる」という気合は消えて、いつの間にかウヤムヤになってしまう、という経験は誰にでもあるでしょう。

自分にそういう傾向があるという人は、目標に関係する場所に出かけることで、やる気が途中でなえてしまうことが防げます。

ちょっと壁にぶつかって、「もうやめようかな」という思いが心に湧いてきた時、一人でいると、あきらめムードがどんどん強くなってしまいます。

しかし、同じ目標を持つ人たちと会える場所に行って、その人たちががんばっている様子を見たら、やる気はきっと戻ってくるでしょう。

自分と同じ悩みを抱えながらも、前に進もうとしている人を見て、「自分も負けていられない」と反省するかもしれません。

また、自分と同じ苦しみを乗り越えた人から、悩みを解決するヒントをもらえるかもしれません。

「あんなふうになりたいな」と思える人に出会って、「やっぱり、諦めたくない」という気持ちになるかもしれません。

それに、興味のあることに関する集まりですから、行ってみれば必ず、心にプラスのエネルギーが増えるような体験ができるはずです。


このように、夢や目標に関係する場所に行くのは、自分のやる気を保つために、とても効果があります。

どこから初めていいかわからない時、迷った時、壁にぶつかった時など、少し心が弱くなった時は、迷わずこういう場所に出かけてみるといいでしょう。

すてきな出会いが待っているかもしれません。

⑦すぐにチャンスを手に入れようとしない

夢や目標に関係ある場所に出かける時、大切なことがあります。

それは、すぐに結果を求めようとしないことです。

例えば、ビジネス関係の交流会に出かける時、

「誰かに強力なコネを紹介してもらえるかもしれない」

「すぐに仕事に結びつくかもしれない」

「成功している人がいたら、自分を売り込んでやろう」

そんなふうに、過剰な期待を持って出かけると、どんなにニコニコしていても、瞳の奥がギラギラといやしい光を出して、相手を警戒させてしまいます。

ですから、そういう場所に行く時は、

「何かひとつくらい、役に立つ情報を聞けるといいなあ」

「友だちができたらラッキーだなあ」

「チャンスがあったらいいなあ」

「初めての場所に行けて、嬉しいなあ」

というくらいの気楽な気持ちで行くほうがいいでしょう。

そういう気持ちでいる時の方が、人から声をかけられやすいものです。また、期待は小さい方が、もし面白くなかった場合もガッカリすることがなくなります。

もちろん、チャンスが目の前に来た時は、遠慮なく受け取ることも大切です。

ただ、あまりにもガツガツしていると、逆効果になってしまうということです。

初対面の人に図々しいお願いをしたり、相手が戸惑うほど自分を売り込んだりするのもやめておきましょう。


チャンスというのは、意外と自然体でいる時に、近寄ってくるものです。

自分自身が夢に向かって努力をしながら、関係ある場所に足を運んでいれば、強引なことをしなくても、縁ができ、自然に成功に近づいていけるでしょう。

❽ 一人で行く

一人で初めての場所に出かけるのが苦手、という人がいます。

会場でポツンと一人ぼっちになってしまったらどうしようとか、万が一、場違いな感じだったら恥ずかしい、というようなことを考えてしまうタイプです。

そういう人は、すぐに一緒に行ってくれる人を誘おうとします。

しかし、自分の夢に関係する場所に行く時は、一人で行った方がいいのです。

友だちと行くと、その人とばかり話してしまって、新しい人脈を築くのが難しくなってしまうからです。

講演会やセミナーなどは、二人で仲良く来ている人より、一人で来て真剣に話を聞いている人の方が、講師から見てもいい印象に移ります。

話は少し変わりますが、こういう会に参加した時は、できるだけ二次会には参加するのがオススメです。

講師や主催者と直接話ができるチャンスが増えますし、友人や知人を作ることもできるからです。

とくに、「この人のようになりたいな」と思えるような人がいたら、ぜひ名刺を交換して、二次会でも近くの席に座ってみてください。

短時間一緒にいるだけでも、その人がどうしてステキなのか、どうしてうまくいっているのかのヒントが見つかるでしょう。

どうしても自分から声をかけたりするのが恥ずかしければ、主催者にお願いして、話してみたい人を紹介してもらえばいいのです。

二人以上で行くと、二次会に参加しても、一人だけ勝手に動き回るわけにはいきません。そういう意味でも、会には一人で参加することをオススメします。

一人で行動することに慣れていない人は、一人で行ってみるというチャレンジを実行するだけでも、大きな成果があるはずです。

❾ 自分から情報を出す

異業種交流会などに行くと、自分からは何も提供せずに、人から情報や人脈を引き出そうとする人がいます。

「私はこんなことをやりたいんですが、誰かコネがある人を紹介してもらえませんか？」

「私はこういう夢があるんですが、資金が足りないんです。協力してくれるようなベンチャーキャピタルとか知りませんか？」

そうやって、夢を人に伝えるのはとてもいいことです。

しかし、自分のことばかり話している人は、あまり好かれません。

好かれないので、情報も入ってこないし、次の集まりがあっても声をかけられなくなってしまいます。

自分が情報を欲しいように、相手だって情報を求めています。

自分が人脈を築きたいと願うように、相手だって誰かを紹介してほしいと思っているはずです。

異業種交流会などに出かけた時は、誰かに何かをしてほしいと思う前に、自分が相手のために何を提供できるのか、そこを意識してみてください。

そして、自分の話を聞いてもらおうとムキになって話す代わりに、相手の話をじっくりと聞いてみましょう。

相手の求めているものを聞き出すのです。

相手から情報を引き出そうとするのではなく、初めに相手が求めている情報を教えてあげましょう。

すると、あなたはその人から好感を持たれ、結果的に求めていた情報や人脈などが手に入りやすくなるのです。

この順番を間違えると、せっかく出かけて行ったのに、「面白くなかった」という感想で終わってしまうことになります。

⑩ 応援しあえる仲間ができる

興味のあることに関する場所に行くと、自分と同じような夢や目標を持った人と出会えるものです。

すると、その人たちから、欲しかった情報を教えてもらえることがあります。他の人が経験したことの話を聞くだけでも、勉強になることがあるでしょう。

そもそも、好きなことや興味のあることというのは、一人で静かに楽しむよりも、誰かと一緒になって取り組む方が、面白いものです。

将棋が好きだけど対戦相手がいなくて、インターネットを相手に毎晩戦っていたという人が、初めて将棋会館（将棋好きな人が集まる場所）に行って一日中将棋の話ができたときは本当に嬉しかった、と言っていました。

このように、同じ話題で盛り上がれる、というだけでも、そういう場所に出かける価値はあります。

それに、将棋好きの彼はそれまで、親友と呼べるような友人がいませんでしたが、将棋会館に通うようになって、心からお互いの幸せを応援しあえるような親友が何人かできたそうです。

これは、自分と同じことを好きだったり、興味を持っていたりする人は、自分と価値観の似ている人が多いからです。

最初から、相手と同じ共通点を持っているため、話題に困ることもなく、すぐに打ち解けることができます。

こういう仲間ができれば、一緒に励まし合って、何かの目標を達成する力にもなってくれるでしょう。

そして、仲間の応援はあなたの夢を叶える力になってくれると思います。

⑪ 心のハードルが低くなる

私は一五年くらい前から、本を出したい人や編集者が集まる「出版研究会」を主宰しています。

そこに来る人は様々で、出版関係者だけでなく、出版にはまったく関係のないＯＬや会社員も多いのです。

しかし、その中から何人かの人が実際に本を出版するという夢を叶えています。

私の会に参加して、本を出版した女性の一人がこんなことを言っていました。

「実は私は、本は出したいけどきっとムリだろうと思っていたのです。

でも、出版研究会に参加して、自分と同じ会社員や自分より若い人たちが出版しているのを見て、本を出すことはそんなに難しくないかもしれない、と思えるようになりました」

彼女はその会に参加したことをきっかけに、自分の心の中にあった、本を出すことへのハードルがグッと下がったのです。

すると、それまでは本を出したいと考えるだけだったのに、行動を起こしたい気持ちになり、そのあとすぐに企画書を書き、研究会で知り合った編集者に送ったのです。

彼女の本棚には、「企画書の書き方」や「本を出版する方法」といった本がたくさんありましたが、実際に企画書を書いて出版社に送ったのは初めてでした。

「ムリだ」と思っている気持ちがあったから、なかなか行動に移せなかったのです。それが、「できそうだ」と思ったとたんに、行動力が増したのです。

その企画書がきっかけになり、その女性は夢だった本の出版を実現することができました。

「出版研究会に行かなければ、今でも、いつか本を出せればいいなあと思いながらも、何もしていなかったと思います」

と、この彼女は言っていました。

このように、興味のあるイベントに行くと、自分と似たような境遇の人の活躍を知り、心のハードルが下がることがあるのです。

⑫ 人の縁を大切にする

交流会などでできたご縁は、その場で終わりにするのではなく、大切につなげていくことが重要です。

「今度、ぜひ食事に行きましょうよ」
「また今日の話の続きを聞かせてください」
というくらいまで話が盛り上がった人がいたら、向こうから連絡が来るのを待っていないで、自分の方から連絡をしましょう。

交流会ではゆっくり話せなかった場合も、名刺交換した人にすぐにメールやハガキを送ったり、また誘ってもらえるように主催者にお礼の手紙を出したりするのもいいでしょう。

そうやって、人のご縁をつないでいくと、少しずつ夢に近づいていけます。
チャンスの大半は、人づてにやってくるものです。

「この仕事を頼みたいんだけど」

「あそこで、こんな人材を募集していたよ」

「君に向いている仕事があるんだけど、どう？」

そうやって、人からの情報がきっかけで、運命が開けたという人は多いのです。

私の主宰している出版研究会でも、成功している人というのは、みんなマメです。

彼等は名刺交換をしてつながったご縁を切るようなことは絶対にせず、ハガキを出したり食事に誘ってみたりしながら、その縁を強く、太いご縁にしていくためにがんばっています。

そして、その結果、仕事につながったり、チャンスにつながったりするのです。

人の縁というのは、自然にできることもありますが、たいていはどちらか一方がマメに行動することで、つながっていきます。

縁をつないでいくことで、運命を動かしていってください。

人縁が多ければ多いほど、成功の確率が高くなるのです。

第4章

「目標を段階的にする」習慣

なりたい自分になるためには、まずは、最初の一歩を踏み出すこと、それができたら、どんな形でもいいので、前に進みながらゴールまでたどり着くことが重要です。その過程には、色々なハードルが待ち構えているかもしれません。それでも、なんとかして進んでいくことが大切です。また、何かを始める時、「えい！」と勢いをつけて最初の一歩を踏みだすことはとても効果的です。しかし、その勢いでずっと走り続けようとすると、途中で息切れしてしまいます。自分が望む未来を手に入れるには、コツコツと時間をかけて、少しずつ前に進む決意を持ちましょう。この章では、最初の一歩を踏み出すためのコツと、それを続けていくためのポイントを紹介します。

❶人生は連鎖反応でできている

「風が吹けば桶屋が儲かる」という話を聞いたことがあるでしょう。

強風でホコリが目に入ると、目を悪くする人が増える。目が悪い人が増えると、三味線弾きにでもなろうかと思うので、三味線が売れる。三味線には猫の皮が使われているから、猫が減ってネズミが増える。ネズミが桶をかじって穴を開けると、桶屋に注文がくるという話です。

人生は、この話と似ています。

人生は、最初に起こったことと、その結果が生み出す連鎖反応でできています。

とにかく、自分から何かアクションを起こしてみることです。

そうすれば、必ず何らかの結果が得られて、その結果がまた新しい何かを生み出すのです。

目標を叶えていている人たちというのは、どんどんアクションを起こすから、次々と連鎖反応が起きて、ゴールまでたどりつけるのです。

反対に、自分から何のアクションも起こさない人の人生には、何の連鎖反応も起こりません。

いつもと同じことをしていたら、いつもと同じ結果が得られるだけです。

「あーあ、楽しいことがないかなあ」

と言って何もしようとしない人の元に、楽しいことは訪れないでしょう。

「楽しいことをするぞ！」

と言って、何かアクションを起こした人の元には、いずれ楽しいことが訪れるはずです。

いつもと同じ毎日は、退屈でつまらないけれど、傷つく心配もないし、失敗して恥をかくこともありません。ですから、多くの人はそこから抜け出すことができないのです。

しかし、運命を変えるなら、最初の一歩を踏み出しましょう。そこから、運命の連鎖反応が始まるのです。

❷ 手段を具体的にする

夢を叶えるためには、「目的」と一緒にそのための手段を持つ必要があります。

わかりやすく言うと、目的がハワイ旅行に行くことなら、手段はそのために毎月一万円を貯める、というようなことです。

目的はゴールで、手段はそこにたどり着くための具体的な方法と区別できるかもしれません。

あるスポーツ監督が言っていたのですが、一流の選手こそ、目的と手段の両方がきっちりと決まっているそうです。

「金メダルを取れるようにがんばります」

と言うだけではなく、そのためにどうするかを念入りに計画して、実行しているのです。

あなたも、目的にたどり着くために、手段を考えて実行していきましょう。

なりたい自分になるためには、具体的に何をしなければならないのか、何が必要なのかをはっきりさせなくてはなりません。

手段は細かく具体的にするほど、現実になる可能性が高くなります。

「資格試験に合格する！」という目的に向けての手段なら、「一カ月に一冊ずつ問題集を仕上げる」でもいいのですが、「一日に三ページずつ問題集を進めていく」という方が、もっとクリアしやすいのです。

一冊というと大変に思えるし、一カ月期間があると思うと、つい勉強を先伸ばしにしてしまうからです。

しかし、毎日三ページとなると、すぐにやらなければいけないし、内容も少しなので、実行しやすいのです。

適切な手段が決まれば、あとはゴールまでコツコツと実行するだけです。

❸ がんばることより具体的に動くこと

何かを始める時は、気合いが必要です。

「ようし、がんばるぞ」

と自分を奮い立たせながら、みんな、前に進もうとします。

もちろん、がんばることは、とても大切です。

ただ、ここで気合いを入れると同時に、スタートしなければいけない重要なことがあります。

それは、具体的に行動を起こし、それを続けていくということです。

講演会やセミナーのあと、鼻息を荒くしながら、

「僕も○○さんのようになりたいので、今日からがんばります」

と気合を入れている人を見ると、

「がんばらなくてもいいから、具体的に動けるといいですね」

と声をかけたくなります。

「がんばる」ということは、気持ちの問題で、気持ちだけでは現実を変えていくことはできないからです。

成功したいなら、がんばることはもちろん大切です。

しかし、運命を動かしていくには、具体的な手段を一つ一つ重ねていくことの方がもっと大切なのです。

また、「がんばる」という言葉は、意味がハッキリしません。

具体的に何をやるかが決まっていない段階でも、「がんばる」と言えるので、気持ちだけ空回りしてしまって何もできないまま終わってしまう可能性もあります。

ですから、人と「がんばろうね」と話しあったり、自分自身を「がんばろう」と励ましたりした時は、そのあとに、「何をどうがんばるの？」と、きちんと確認することが重要です。

そして、それがわかったらさっそく行動に移していきましょう。

❹ 誰かのマネから始めやすい

スタートするきっかけがなかなかつかめない時、成功した人がやったことをマネする、というのはとてもいい方法です。

誰かのマネをする、というと、ネガティブな印象を持つかもしれません。

しかし、マネをすることは、最初の一歩を踏み出すためにとても効果的です。

とはいえ、草野球の選手がプロのイチローのやり方をマネしても、あまり参考にならないかもしれません。

マネをする時は、もともとは自分と同じような境遇にあって、今は自分の目指している場所にいる人を見つけて、その人をマネしてみましょう。

それが、一番確実に目的地にたどりつける方法かもしれません。

そもそも、マネるという言葉と学ぶという言葉は、「まねぶ」という同じ語源から来ているそうです。

ですから、人のマネをするということは、人から学ぶことと同じなのです。

「守」「破」「離」という言葉があります。

意味は、「守」がとにかく疑問を持たずに師の教え（型）を忠実にマネすること。

「破」が、師匠のやり方が身についたら、その基本に則して応用し、自分自身のスタイルを模索すること。

「離」が、その試行錯誤して見えてきた自分の型を磨き上げて、師匠の教えを離れて自分のスタイルを作ることです。

マネることとは、この三段階の最初である「守」にあたります。

昔から、マネることとは学ぶことの第一段階として、とらえられていたのです。

マネることとは決して恥ずかしいことではないし、ダメなことでもありません。

あなたの周りに、マネをしたくなる人がいたら、相手が嫌がらない限り、どんどんマネたらいいのです。

❺自分で自分の背中を押す

私たちは、やってみたいことがあるのにそれができない時、その理由を環境のせいや、他人のせいにするものです。

しかし、実はたいていの場合、自分自身で自分にストップをかけて、できないようにしていることがほとんどです。

赤ちゃんはお腹がすくと、母親からミルクや離乳食をもらえるまで、ずっと泣いています。

小さな子供を見ていると、やりたいことは「やりたい」、ほしいものは「絶対にほしい」と言って、母親が反対しても、泣いたり騒いだりして、自分の希望を叶えようとします。

本来、人は自分の欲求に対して、それほど素直な生き物なのです。

それなのに、大人になると、私たちはそういう気持ちにフタをしてしまいがちです。

子供と違い、自分で何でもできるのに、やってみればうまくいくかもしれないのに、過去の失敗体験などから、実行することに臆病になっています。

やりたいことを邪魔しているのは、ほかでもない自分自身なのです。

自分で自己限定をしてしまっているのです。

何かを始めたい気持ちがあるのに、「できない」と思ってしまった時は、自分自身の胸に、こう問いかけてみましょう。

「できない？　何ができないんだ？」

「できないんじゃないだろう？　やりたくないだけなんだろう？」

すると、あなたの心の奥の弱い気持ちは、驚いて逃げ出してしまうかもしれません。

そして、自分を邪魔する弱い心が消えた後は、

「ようし、やってやろうじゃないか」

という本当のあなたの心が顔を出すはずです。

❻ スピードを追うと成果を見失う

「同期の中で一番早く昇進したい」

「一日でも早く恋人を作りたい」

「すぐにでも結婚したい」

そんな風に、焦って行動していると、

「まだゴールまで長期間必要だ」

「これじゃあ、三〇歳までに間に合わない」

というようなマイナスの気持ちを持ちやすくなります。

ですから、何かに向かって行動する時は、遠いゴールを見据えると同時に、自分が進んできた道をしっかりと見つけることが大切です。

少ししか進んでいないように見えても、行動を続けている限り、スタートした時点に比べてゴールに近づいていることは間違いありません。

例えば、「結婚相手に出会いたい」と思っている人が、パーティに出かけたりして出会いを求めているとしましょう。

「まだ恋人ができない。これじゃあ、結婚なんてできるわけない」

と思うのではなく、

「何もしていなかった頃は、知らない異性と話すことなんて滅多になかった。でも、今はパーティに行くようになって、たくさんの異性と話す機会が増えた。そう考えると、何もしていなかった時よりも、随分と進歩したものだ」

と考えるのです。

自分が少しずつでも進歩していることに気付けば、心にはプラスのエネルギーがわき、ゴールに向かう気力も増えていきます。

焦っても、何も変わりません。

ただ黙々と目標に向けて行動を続けていれば、運命は少しずつ目的地に近付くのです。

❼成果を目に見えるようにする

チャレンジを始めた人がすぐに挫折してしまう時、その原因は、失敗だけとは限りません。

失敗はしていなくても、成果が見えないと、行動することが虚《むな》しくなってやめたくなってしまうことがあるのです。

そういう人は、これまでの成果を目に見えるようにすると、虚しくなったり焦ったりする気持ちを防ぐことができるようになります。

「今年中に絶対にヨーロッパ旅行に行こう」と張りきっている男性がいました。

その男性は旅行に行くために貯金していたのですが、思うように貯金できずに、焦っていました。

「もともと給料が少ないし、節約だってたかが知れている。ヨーロッパ旅行に行くことはあきらめようかな」

という気持ちになっていた時、友人から面白い貯金箱を紹介されました。

その貯金箱は「○月○日までに○○万円貯める」という目標設定をすることができて、お金を入れるたびに「あと一○万円」という形で教えてくれるのです。

また、貯金のペースが落ちると、「このままだと○月○日に間に合わなくなってしまいます。がんばれ！」などと、励ましてくれる機能まであります。

その男性は、この貯金箱をすぐに購入し、もう一度ヨーロッパ旅行を目指してみることにしました。

すると、今度は成果が目に見えるので、やる気がどんどんわいてきて、目標よりも早く予定の金額を貯めることができたのです。

このように、「ここまで進んだ」と確認できる状況を作ると、挫折を防ぐことができます。

成果が見えるような形にすることが大切です。

❽ 成功体験が前に進む力になる

大きな夢を抱くことはとてもいいことです。

しかし、大きな目標ほど、途中で壁にぶつかって挫折しやすいものです。

大きな目標を立てた時は、節目ごとにあえて簡単なチャレンジを組み合わせて「できた！」と思える機会を増やしていくことが大切です。

あきらめたくなった時も、「できた」という喜びを感じることで、心にプラスのエネルギーが増えて、前に進む勇気になるからです。

マラソンのコーチをしている人が、こんなことを言っていました。

選手たちはゴールに向かって一気に走っているように見えますが、実はそうではないそうです。

「あそこに見えている大きなビルまでがんばろう」

「次はあの赤い屋根の家まで走るぞ」

そうやって、小さな目標を作って、そこまで全力で走るということを繰り返しながら、少しずつゴールに向かうというのが、強い選手たちの走り方なのだといいます。

どんなに厳しい練習を乗り越えてきている選手たちでも、四二・一九五キロ先のゴールのことを考えて走り続けるのは、「まだ三〇キロもある」というふうに思えて、きついのです。

ですから、自分で小さな目標を立ててそれをクリアして、「よし、ここまで来れた」という小さな成功体験を繰り返しながら、進んでいくのだそうです。

どんな目標も、こうやって小さな成功体験を味わえる方法にすると、途中であきらめることがなくなります。

大きすぎる目標に息切れしている時は、小さな達成感を何度も味わえるように、計画を立て直してみるといいでしょう。

小さな成功体験が前に進む力となります。

⑨やってきたことを紙に書き出す

思うように行動が進んでいかない時は、これまで自分がやってきたことを紙に書き出してみるといいでしょう。

頭の中だけで考えていると、事実と感情が一緒になって、混乱してしまうことがあります。

「こんなにがんばっているのに、勉強が全然進まない」

「新しいビジネスを始めたけれど、どんどんお金が出て行ってしまう。このままでは破産しそうだ」

こんなふうにネガティブな思いで心が一杯になった時も、冷静になって自分がやってきたことを紙に書き出すことで、落ち着きを取り戻せることがあります。

勉強が進まないように感じても、「毎日、五ページずつ問題集を解いてきた」と書き出してみると、最初から数えたら、もう一〇〇ページ以上勉強したことに気づき、自信がわいてくるかもしれません。

赤字が膨らんで不安になった時も、「毎月三万円の赤字だ。しかし、貯金はあと一〇〇万円ある」という事実を書き出してみることで、「まだまだ焦る必要はない。あきらめないで続けよう」という勇気が得られるかもしれません。

思い通りに行かないことに意識を向けながら、何もしないでいると、同じことをグルグルと考えてしまい、時間を無駄にしてしまいがちです。

紙に書くことには、この「堂々巡り」を防ぐ効果があるのです。

「ゴールまではまだ遠いけど、スタートから見たらこれだけ進んだ」

「少しずつだけど、ちゃんと成果は出ている」

そう気づくことで、不安は消えていきます。

少しずつでも、前に進んでいれば目標に到達します。

途中の進み具合を確認し、やる気を出すために、書き出すことは有効といえるのです。

⑩ 周囲のペースに乱されない

ライバルがいて、その人に負けたくないという理由で何かにチャレンジすることがあります。

ライバルと張り合うことであなたが前向きになり、元気がよくなるなら、それは悪いことではありません。

しかし、ライバルに対して憎いとか蹴落としたいとかいうネガティブな気持ちを持っているようだと、その思いが目標達成の邪魔をすることがあります。

なぜなら、そういうネガティブな思いでいると、冷静な判断ができなくなることがあるからです。

それに、心にもマイナスのエネルギーが増えやすくなります。

自分の目標を達成する時は、自分のことだけに集中しましょう。

ある漫画家志望の女性がいました。

彼女はイラストレーターの専門学校に通っていましたが、ライバル視していた女性が学生のうちにプロデビューしたことに焦って、何度もマンガコンテストに応募しました。

しかし、結果はいつも佳作どまりでした。

彼女はある時、基礎からもう一度やり直そうと思い、有名な漫画家のアシスタントの仕事を始めました。

プロデビューした同級生に比べて、安いアルバイト代で働いている自分がみじめに思えることもありましたが、気持ちを切り替えてマンガの修業に励みました。

「他人のことなど関係ない。自分の夢を叶えるためには、最初から学び直す必要がある」と感じたからです。

その結果、彼女はアシスタント業を通じて実力を伸ばし、数年後にプロデビューすることができました。

他人のペースに乱されず、自分の目標に集中することで夢を叶えた例といえます。

⑪ 自分の悪いクセを自覚しておく

目標に向けて行動しているのに、それを邪魔する存在が現れることがあります。

それは自分自身の中にある怠け心や、弱気な気持ちです。

私たちは、幸せを求める時、そのような気持ちとうまく付き合っていく必要があります。


少し努力すると休みたくなる怠けグセ。

小さなことに落ち込みやすいところ。

他人の言葉を必要以上に気にするところ。

ムリをして体調を崩しやすいところ。


そういう悪いクセが、あなたにもきっとあるでしょう。

大切なのは、そのクセを無理やり抑え込むことではなく、自分でその存在を自覚して、上手にコントロールすることです。

では、そのクセとどう付き合っていけばいいのでしょうか？

悪いクセと上手に付き合う方法のひとつが、一気にゴールに向かおうとせずに、少しずつ目標に近づくということです。

急いでいると、自分の悪いクセが出て挫折しかかった時、「もうダメだ。期日に間に合わない」「やっぱりこんなの自分にはできないよ」と思ってしまいがちです。

しかし、少しずつ進めばいいと思っていると、悪いクセが出た時も、「悪いクセが出てしまったから、気をつけよう。今は少し休憩して、また始めよう」と落ち着いて受け止めることができるでしょう。

自分の悪いクセは、早めに改善するのが理想です。

しかし、すぐには治らないという場合は、それを自覚してコントロールしながら、コツコツと目標に向かっていくことが大切なのです。

⑫ できたことに注目する

最初の一歩を踏み出してから、目標とした場所まで、何の問題もなく、何の迷いもなく到達できる可能性はほぼゼロといえます。

そんなに簡単にできるものをチャレンジとはいわないからです。

チャレンジという言葉を使う以上、多少の困難はあるのが当たり前だし、それを乗り越えてようやく、目標地点にたどりつけるのです。

もっと人に優しくしたい、仕事を頑張れるような自分になりたい、人と上手く付き合える自分になりたいと思っている自分がいたとします。

そしてある日、目標の半分くらいしか、やりたいと思っていた行動がとれなかったとしましょう。

そういう時、できなかった自分を見るクセを持っている人は、「まだ五〇パーセントもできてない、私ってまだまだダメだな」ということを感じて、心にマイナスのエネルギーを増やしてしまいます。

そんな人には、少し見方を変えて、「もともとはゼロだったのに、半分できたからいいか」という事実に気づいてほしいと思います。

できなかった自分を感じる体験を捨てて、できた自分を感じる体験を積み重ねることは、目的地までたどりつくまでにとても大切なことです。

「これだけできた」と思うことで、完璧ではない体験も成功体験になり、心に自信を生んでくれるからです。

自信は、心に大きなプラスのエネルギーを生みます。そして、前に進む勇気になってくれます。

できなかったことに注目してしまう時には、意識的に、「でも、これはできた」と考えましょう。

できたことに意識を向けるのです。

自分を肯定することで、もう一歩前に進んでいけると思います。

第5章

「誘われたら動いてみる」習慣

運命は、あなたに毎日、たくさんのメッセージを送っています。あなたは、忙しい毎日を送っていて、人から何かに誘われる機会があると、面倒だなと感じているかもしれません。しかし、その誘いだって、運命があなたに何かを伝えるためのメッセージかもしれないのです。「今週は忙しいから」「それにはあんまり興味がないんだ」と言って自分の世界に閉じこもっている人は、メッセージに気付くことができません。周囲から送られてくるメッセージにもっと敏感になりましょう。それを聞き入れる素直さを持ちましょう。運命はもともと、あなたの味方なのです。

❶誘われたら行ってみる

どんどん前に進んでいく人がいます。

「私は五年前も三年前もたいして今と変わっていないのに、友人は会うたびに目標を達成していて、今までと違う分野で活躍している」と言います。

おそらくこの友人は行動的だったのでしょう。

目標に向かってどんどん進める人の共通点の一つに、フットワークが軽いということがあります。

彼らは、いつも動き回っているように見えます。

「出かけるのは面倒くさいから家にいる」

「人に会うと疲れるから、私は行かない」

そういう人たちに、そんな選択肢はありえないのです。

仕事で大きな成功をおさめたカラーセラピストの女性が、こんなことを言っていました。

「私は誘われたら、できるだけそこに行くようにしています。もちろん、用事がある場合や、まったく興味がわかない場合は別です。

しかし、少しでも興味があったり、誘ってくれた人に会いたいなと思う時は、多少お金がかかってもできるだけ参加しています」

いつも明るくフットワークの軽い彼女の元には、たくさんの誘いが舞い込みます。

その彼女は今まで、誘われて行った出かけ先で自分の探していた情報が聞けたり、知り合いたかったタイプの人と出会えたりしたことがあったそうです。

悩んでいた頃、友人からセミナーに誘われて参加した時、講師の話を聞いて問題解決の糸口が見えたこともあったそうです。

その時は運命の導きを感じたということでした。

彼女が仕事で成功しているのは、こうして運命からの誘いを素直に聞き入れているからかもしれません。

❷ 頼まれごとはチャンス

人から何かを頼まれた時、そこに運命を開くきっかけがあることがあります。

それも、「自分にはできない」と思うようなことを頼まれた時は、そこに何かメッセージが隠されていることがあります。

人から何かを頼まれて、「そんなの無理だよ」と断りたくなったら、少し立ち止まって考えてみてください。

あなたは無理だと思っているかもしれませんが、本当にできないことなら、相手はあなたに頼まないはずです。

たとえば、働いているあなたに向かって、「一泊二日で温泉へ行こう」と言う人はいても、「三カ月間船旅をしよう」という人はめったにいないでしょう。

それと同じで、何かを頼まれるということは、あなたには可能なことなのです。

ですから、頼まれごとは、簡単に断らないで、引き受けてみるといいのです。

すると、自分では思いもよらなかった自分の才能に気付いたり、やってみたら意外と面白かったというような新しい発見を得られたりするかもしれません。

ある外国人の女性歌手の話です。

デビュー当時、彼女は売れない歌手でした。ある時、人から頼まれて有名な歌手のコーラスとして舞台に上がることになりました。本当はイヤだったのですが、頼まれたので仕方なく引き受けたのです。

すると、コーラスとして出たステージでその美しい声が注目され、その後、大ブレイクしたのです。

頼まれごとを引き受けなかったら、このようなことは起こりませんでした。

このように、頼まれごとが運命を開くきっかけになることがあります。

❸ 自分自身を知るきっかけになる

自分のことはよくわかっているようで、意外と見えていないということがあります。そういう意味で、人から助言されたことに応じることは、自分の好きなことや向いていることを知るためにも効果的です。

自分なら絶対にやらないようなことも、やってみたら意外と楽しかったり、高い評価がもらえたりすることがあるからです。

好きなことだけやっていると、世界が狭くなります。

たくさんの人生経験をして、「やっぱり自分にはこれが合っている」とわかった上で、好きなことだけするのはいいのです。

しかし、まだ若くて、経験自体が少ない人は、「これに決めた」と固くならずに、人から助言されたこともどんどんやってみたらいいと思います。

やってみて面白くなかったなら、それも経験です。

できると思ったのに意外と難しかったなら、それも経験です。

そうやって経験を重ねるうちに、自分でも気づいていなかったような自分の個性や強みを発見できるかもしれません。

部屋の中でインターネットを眺めながら、

「この仕事は面白そうだなあ」

「これは自分には向いていないと思う」

なんて頭だけで考えていても、なかなか真実は見えてきません。

人から誘われたり頼まれたりしたことは、絶好の自分探しのチャンスです。

とにかく色々なことを、やってみて、自分がどう感じるかを観察してみると、自分らしい人生を築くヒントが得られるかもしれません。

❹「面倒くさい」を封印する

人生を自分の手で切り開いて、幸せな毎日を送りたいなら、絶対に言ってはいけない言葉があります。

「面倒くさいからやらない」

という言葉です。

あなたが、「楽なことや、都合のいいことばかりしたい」と考えて、すべての面倒だと思うことから逃げてばかりいるなら、あまりにも利己的といえるでしょう。

あなたの周りにいる、成功している人を、想像してみてください。

その人は、これまでの人生でずっと、好きなことや楽しいことばかりをして生きてきたでしょうか？

きっと、そうではないはずです。

彼らは面白くないことや面倒なこともたくさん経験して人間の幅を広げたから、今の幸せをつかんだのでしょう。

面倒なことでも、面白くないことでも、信頼できる人から誘われて「これは自分にとって必要かもしれない」と思ったことには、積極的に出かけて行きましょう。

そこに運が開けるチャンスが待っているかもしれないのです。

重い腰を上げた人から、チャンスをつかんで、人生を動かしていけるのです。

中でも、あなたがお世話になっている人が誘ってくれたことに対して、「面倒くさい」と断るのは避けましょう。

その人はあなたの役に立ちたくて誘ってくれている可能性が高いからです。

これからは、面倒くさくてやりたくないこと、わずらわしくて避けて通りたいことから、逃げてはいけません。

もし出かけて行って、面白くなかったとしても、誘ってくれた人を恨むのも筋違いです。

何があっても、「いい経験になった」と考えられる人が、大きな幸せを手にすることができるのです。

❺名刺をいつも用意しておく

たいていの場合、大きなチャンスや予想外のハッピーというのは、人づてに訪れるものです。

人との出会いを大切にして、自分が力になってあげたり、誰かの力を貸してもらったり、そういう関係を築いていくと、チャンスやハッピーに出会える確率がどんどん増えてきます。

しかし、せっかくチャンスに出会えても、それを自分のハッピーにつなげていけなければ、意味がありません。

絶対にチャンスをものにしたい人に実行してみてほしいことがあります。

それは、名刺をいつも用意しておくということです。

ある休職中の女性A子さんが、こんな体験をしました。

彼女は街でばったり同性の友人と出会って、話をしました。

その時、その友人と一緒にいた男性にあいさつをすると、その男性はＡ子さんが今、就職活動をしている業界で活躍している人だということがわかりました。

彼女はとっさにいつも持ち歩いていた自分の名刺を渡して、自分のやりたいことを手短に説明しました。

すると後日、その男性から人材を募集している会社を紹介され、希望の仕事に就くことができたのです。

彼女はその前から、出会った人とはできるだけ名刺交換をして、縁を作ることを心がけていました。

彼女があの時、あいさつをしただけで終わっていたら、人材を募集している会社を知らせてもらうことはできなかったでしょう。

いつどこで、誰と会ってもいいように、名刺を用意しておいたのが功を奏した一例です。

❻ 本気で願うと誘いが舞い込む

神様は、私たちが幸せになるためのたくさんのメッセージを毎日、届けてくれています。

そのメッセージを効率よく受け取るためのポイントがあります。

それが、自分の欲しいものを強く願う、ということです。

流れ星に願ったり、神社にお百度参りをしたり、人間は昔から色々な場所で望んでいることを願ってきました。

それは、私たちが願うことのパワーを、無意識のうちに実感していたからでしょう。

ある男性は、毎週日曜日、その一週間にあった出来事を反省しながら、次の週の計画を立てる、という習慣を持っていました。

その時、「今週も一週間、ありがとうございました」とお礼を言ってから、空に向かって、「次の週はこんな一週間になりますように」と色々なお願いを言うようにしていました。

また、一週間の願いが終わると、次にすぐには結果が出ないような大きな願いごとも一緒にとなえていました。

そんな彼の元には、よく面白い誘いが舞い込みます。

「今年は運動する習慣を身につけて、健康レベルを上げたい」

と願った次の週に、友達からスポーツクラブに一緒に通おうと誘われたり、

「今度発表される人事異動では、自分のやりたいことが生かせる部署に配属されますように」

と願った次の日に、人事部長からランチに誘われて、自分のやりたい仕事を伝えることができた、というようなことはしょっちゅうでした。

これは、強く願うことで、神様がその人に力を貸してくれているからでしょう。

このように、本気で願うと、それに必要な誘いが舞い込む可能性が高まります。

ですから、誘われたらできるだけ応じるように心がけましょう。

❼ 動き続けるとチャンスに近づく

目の前に来た誘いが、直接自分の望んでいることと関係ないように見えても、たくさんの誘いをたどっていくと、目標とする場所に近づいていける、ということがあります。

フリーでライターをしているAさんの話です。

Aさんは、学生時代からの友人の結婚式に招待されたので、忙しかったのですが都合をつけて、式に参加しました。

その結婚式の二次会で知り合ったBさんから、ランチに誘われて、二人はよく会うようになりました。

ある時、Bさんとランチをしている時、Bさんの友人のCさんが現れて、一緒に食事をしました。そして、Cさんから、主催するイベントの手伝いをしてほしいと頼まれたのです。

Cさんはイベント会社の社長で、その会社のイベントのPRの文面作成をライターのAさんに頼んだのです。

Aさんはその頼まれごとも引き受けました。

すると、Aさんの人柄と仕事ぶりを評価したその社長のCさんが、Aさんを正社員にスカウトしたのです。

実は、Aさんはフリーの仕事が自分に向いていないと感じていたのですが、ライター業が好きなので、どこかライターを雇ってくれる会社がないかなと思っていたところでした。

そしてAさんは、Cさんの会社に就職して、安定した収入を得ながら、好きな仕事ができる環境を手に入れたのです。

Aさんの場合、素直に人からの誘いやお願いを引き受けて行った先で、自分の望みが叶えられました。

運命に導かれて願いを叶えた男性の話です。

❽ 誘いを断ってもいい相手

誘いには応じた方がいいとわかっていても、たくさんの誘いが舞い込むと、すべてに都合をつけるのが難しくなってしまいます。

そういう場合は、断ることも必要です。自分がムリを感じるようだと、せっかく出かけてもお互いのためにはなりません。

では、どういう誘いなら断ってもいいのでしょうか?

まず、パーティで一度出会った程度のよく知らない人や、知り合いだけどなんとなく信用できないと感じる人からの誘いは、すぐに断ってもいいでしょう。

また、よく知っている人だし、あやしい人でもないけれど、会っているとなぜか自分が落ち込んだり元気を吸い取られるような気分にさせられる人の誘いは、断ってもいいかもしれません。

会っていると疲れる人というのは、心にマイナスのエネルギーが多いので、あなたのエネルギーが吸い取られてしまうのです。

ただ、マイナスのエネルギーが強い人は被害者意識が強い傾向があるので、断るときはぶっきらぼうに断るのではなく、「成功をお祈りしています」と一言添えるような気づかいをするといいでしょう。

反対に、お世話になった人や仲のよい人や信頼できる人、尊敬できる人に声をかけてもらった場合などは、喜んで「行きます」と答えたいものです。

忙しい時に誘われて面倒だな、と思うこともあるでしょう。

しかし、一度行くと決めたら、「せっかく行くんだから楽しんでこよう」、と気持ちを切り替えて出かけてください。

心をプラスのエネルギーで一杯にして、前向きな気分で出かけると、行った先でいいことに出会えます。

また、あなたが参加したことで人に喜んでもらえれば、あなた自身も嬉しい気持ちになれるでしょう。

❾タイミングを味方につける

自分の人生を望みどおりの方向へ動かしていくためには、タイミングをつかむことが大切です。

そして、人からの誘いというのは、実は絶妙なタイミングで舞い込んでいることが多いのです。

今、幸せに暮らしている人を見てみましょう。

「ここだ」というタイミングでチャンスをつかみ、モノにしている人が多いと思いませんか？

「転職を考えていた時、人に誘われた話に思い切って乗ってみたら、やりがいのある仕事につけた」

「たまたま恋人と別れた時、友だちに紹介された人に会ってみたら、すごい気の合う相手だったのでプロポーズを受け入れた」

「脱サラ・独立をしようと思っていた時に、友人から紹介された人と事業を行うことができた」

というふうに、幸せな人は、絶好のタイミングでチャンスをつかむことにたけているのです。

彼らが幸せになっているポイントは「来た流れに乗る」ということではないでしょうか？

彼らは欲しいものが目の前に現れた時、「このタイミングでこういう誘いがあるということは、いい流れなのかもしれない」と前向きに考えて、受け入れています。

「こんなに絶好のタイミングで誘われるなんて、裏がありそうだ」

「人生はそんなに甘くない」

なんてマイナスの発言をしながら、自分の世界に閉じこもっている人の元にチャンスは訪れないのです。

絶妙なタイミングを味方につけることが大切です。

⑩自分からの誘いにも耳を傾ける

ここまで、人から誘われたことを中心に書いてきました。

しかし、誘いは人から舞い込むものだけとは限りません。

実は、意識しているとわかるのですが、自分の心の奥から、「これに行ってみようよ」という声が聞こえることがあるのです。

あなたの潜在意識が、あなたが気付いていないインスピレーションを感じ、あなたに届けてくれているのです。

その声をよく聞いて、実際にその誘いに応じてみることは、とても大切です。

他人からの誘いより、もっと重要だといえるかもしれません。

忙しく暮らしていると、色々とやらなければいけないことがあって、つい自分のことは後回しになってしまうものです。

しかし、これからは自分の心の声を聞いて、自分からの誘いに応じる機会を増やしていきましょう。

たとえば、自分の魂が、「仕事を休んで、旅に行きたい」と何度も訴えかけてくるなら、ぜひそれを実行した方がいいでしょう。

魂は、あなたの願いを叶えるために、あなたに信号を送っています。

その信号を無視していると、せっかくのチャンスを逃すことになるかもしれません。

この時、他人から何か誘われたり、別の用事を頼まれたりしても、そちらを優先する必要はありません。約束は別の日に入れましょう。

仕事や他人からの誘いをいつも優先して、自分からの誘いをずっと無視していると、段々と心の奥から届くインスピレーションを感じる力が弱くなってしまいます。

それは、とてももったいないことです。

心の声を大切にしましょう。

自分からの誘いに従う習慣ができると、楽しい時間が増えると同時に、人生がスムーズに進みやすくなります。

第6章「行動を続ける」習慣

あきらめたくなった時や、もうダメだと思った時に、どういう行動を選択するかで、その人の人生は大きく変わってきます。そこでやめたら、終わりです。やめなければ、何かが起こるかもしれません。何があっても最初の気持ちを忘れずに、あともう一回を繰り返すことができる人にだけ、幸運の女神はほほえみます。継続しましょう。あとほんの少し、がんばってみれば、結果は変わってくるかもしれません。投げ出してはいけません。今日も、神様はあなたが望み通りの人生を築いていくことを望み、応援してくれているのです。

❶ あきらめなければ失敗などない

夢や目標がたくさんあるのに、何をしても続かない。

思い切ってチャレンジしても、いつも目標までたどり着かない。

そんな人は、あきらめるのが少し早いのかもしれません。

幸せな人、うまくいっている人というのは、例外なく粘り強さを持っています。

自分が「こうしたい」と思ったら、他人から見てしつこいくらいに、それをやり続けてみましょう。


「花咲かじいさん」のポチのことを思い出してみてください。

ポチは、自分をかわいがってくれるおじいさんに恩返しをしたくて、小判の埋まっている土の上で「ワンワン」と吠え続けました。

これが、「ワン」と一回だけ吠えてやめてしまったなら、どうでしょう。おじいさんはきっと、その場所を掘ろうとは思わなかったはずです。

ポチは、なんとしてでもおじいさんに小判を掘り当ててもらいたかったために、あきらめないで何度も吠えたのです。

もしかすると、「うるさいぞ！」と叱られるかもしれないのに、ポチはおじいさんを喜ばせたくて、吠え続けました。

ポチの粘り強さが、おじいさんを幸せにするというポチの願いを叶えたのです。

「もうやめた。自分にはムリな挑戦だったのさ」

と言いたくなったとしても、それを口に出すのは少し、我慢してください。

少し休んで、もう一回だけ挑戦してみましょう。

ポチは、「もう一回」を繰り返したことでおじいさんを動かしました。

あなたも「もう一回」をやめなければ、必ず目標にたどりつけるはずです。

あきらめなければ失敗などないのです。

❷ すべての出来事が成功のヒントになる

目標を達成する人と、途中であきらめてしまう人の間にある決定的な違い。

それは、失敗したときの受け止め方です。

具体的には、目標を達成する人というのは、何かイヤなことがあったり失敗したりしても、その事実をイヤなこととか、失敗として受け止めないのです。

そういう人は、他人からみたら驚くほど、自分にとって都合のよい解釈ができます。

自分の身に起こる出来事を○か×かで分けるのではなく、すべて無条件に、「成功へのヒント」として受け止めるのです。

Aさんは趣味でジャズを歌っていました。将来はプロになりたいAさんは、毎年、コンテストに応募していましたが、なかなか成果は出ませんでした。

周囲から見れば、Aさんのチャレンジは無謀でした。しかし、Aさんは落選するたびに「また自分の課題が一つわかった」と言って、ますます歌うことに夢中になるのです。

そして数年後、Aさんはあこがれのジャズバーで歌うプロ歌手になりました。

あきらめなかったから、夢が叶ったのです。

Aさんにはたくさんの課題がありましたが、それはAさんが夢をあきらめる理由にはなりませんでした。

Aさんにとって、その課題は夢を叶えるために必要なことだったので、いちいち気にするほどの問題ではなかったのです。

思い通りにならない時、それを成功のためのヒントと考えられるかどうか。

それは、成功できる人とそうでない人との大きな違いです。

すべての出来事を、自分の成功への足がかりとして、次の行動に生かしていきましょう。

それを繰り返すうち、あなたの人生は確実に幸せへと近づいていきます。

❸ 目的を見失わないようにする

世界一周旅行をしたくて、一生懸命に貯金をしていた男性がいました。彼は、通帳に増えていく残高を見ているうちにそれを使うのが惜しくなってしまいました。そして、旅行のことは忘れて、ただお金を貯めることだけに専念するようになりました。

このように、何かを始めても、途中で目的が変わってしまって、結局、目標とする場所にたどりつけなくなってしまうことがあります。

この彼の場合は、努力する過程でお金を得ることができ、それを手放すのが惜しくなってしまったのです。

この男性は、はたして幸せになれたのでしょうか？

答えは、「NO」です。

なぜなら、彼が貯金を使わないのは、「貯金が好きだから」とか、「貯金をすると心がワクワクするから」というものではなく、「お金がないのが不安だから」というネガティブな気持ちから発生していたからです。

このような不安から生まれた気持ちは、人を本当の意味で幸せにはしないのです。この男性が例外なのではありません。多くの人は、目標に到達するまでに、横道にそれ、途中で目標を見失ってしまうことがあります。

横道にそれて出会った夢が、自分を幸せにするなら、それでいいのです。それを実行することで心がワクワクして、幸せを感じられるのは、問題ありません。しかし、心がワクワクしないなら、それは夢ではありません。そこにいても不安や迷いを感じるなら、基本に立ち戻ってみましょう。ネガティブな感情は自分の願望とは違うところへ行っている、という合図だからです。

目的を見失うと、本来の場所にたどりつけなくなってしまいます。

夢を忘れないためには、目標を手帳に書いたり、紙に書いて部屋の壁に飾ったり、応援してくれる仲間と話し合う機会を設けたりするといいでしょう。

❹ 失敗したのは進んだ証拠

「アメリカのエンターテイメント業界で成功する」という夢を叶えた日本人女優のA子さんが、こんな話をしていました。

彼女はアメリカに渡った当初、言葉の問題もあり、なかなかセリフのある役を獲得することができませんでした。

エキストラの仕事はお金にならないので、生活は苦しく、日本にいる時とは比べ物にならないほど生活も貧乏でした。

来る日も来る日もオーディションに落ち続けて、もう日本に帰りたいと思って泣いたことも何度もありました。

A子さんはある日、映画のオーディションで隣に座った黒人の新人女優に、

「オーディションなんてもううんざり。だって、どんなに努力したって、ほとんど合格することができないんだから」

と言いました。

　すると、黒人の女優はニッコリ笑ってこう答えました。

「私はとても幸せ。だって、オーディションまでたどり着くことができたんだもの」

　それを聞いたA子さんは、ハッとしました。

　そして、A子さんはアメリカに渡ってから自分を受け入れてくれる事務所を探し、その後も必死でキャリアを重ねて、ハリウッド映画のオーディションの参加資格を手に入れた時の喜びを思い出しました。

「そうだ。オーディションに参加できるだけでも、すごいことなんだ。オーディションを受けられなかった頃は、この場所に立つことさえできなかったんだから」

　そのことに気付いてから、A子さんはオーディションに落ちることが怖くなくなりました。

　そして、その後も何度もチャレンジを続け、ついに「アメリカのエンターテイメント業界で成功する」という大きな役を手に入れたのです。

⑤過去の成功体験を思い出す

これまでの人生を振りかえってみると、誰にでもいくつかの成功体験があるはずです。

挫折しそうになった時に、そういう成功体験を思い出してみると、やる気がわいてくることがあります。


「あの時にできたんだから、今回だってきっと大丈夫」

「あの時に比べたら、今度のピンチなんてピンチと呼ぶには小さすぎる」

そんな気持ちが、心に勇気をくれるのです。


あるサラリーマンの男性（三〇歳）は、高校時代に野球部に入っていました。

当時は、お盆も正月もなく、毎日、日が暮れるまで厳しい練習をしていました。

その結果、弱小チームでいつも一回戦負けだったその高校は、少しずつ練習試合で勝てるようになりました。

つらい練習を重ねて、初めてライバルの高校に勝てた日のことを思い出すと、彼の心は今でも熱くなるそうです。

その男性の場合、高校時代のアルバムを見ると、

「どんなにきつい仕事も、盆も正月もなかったあの頃に比べればましだ。倒れるまで走ったあの練習に比べたら、こんなことはどうってことない」

という気持ちなり、元気がわいてくるそうです。


あなたが壁にぶつかった時や、ネガティブな気持ちになってしまった時は、これまでにがんばってきた経験を思い出してみてください。

きっとあの頃のあなたは未熟でしたが、がんばっていたでしょう。

あの頃よりずっと成長している今のあなたなら、今目の前にある壁もきっと、乗り越えられるはずです。

❻成功者の体験に触れてみる

何かを始めても壁にぶつかってしまう時があります。

そんな時は、自分と同じような体験をして、それを乗り越えた人に相談してみると勇気がわいてきます。

あなたが何かの資格試験にチャレンジして失敗してしまったなら、同じように失敗したけれど、次の年に合格した先輩に話を聞いてみるという具合です。

ポイントは、自分と同じ悩みを経験している人の中で、今、幸せそうな人を選ぶということです。

幸せな人は、人のためにアドバイスする余裕を持っています。もっと簡単に言うと、幸せな人は優しいのです。

なぜなら心に余裕があるからです。

ですから、あなたの悩みをバカにしたり、偉そうに説教することはありません。

「僕もそうだったよ。だけど、なんとかなるものさ」

と、いいアドバイスをくれるでしょう。

この時に大切なのが、相手の言葉を素直に聞いて、実行してみるということです。

悩んでいる時は、心がマイナスに傾いているので、「そんなこと、僕にはできないよ」と言いたくなってしまうものです。

しかし、そこを我慢して、幸せな人の言ったことを実行してみてください。

また、相談する時は重い感じにならないよう、つとめて明るく振る舞いましょう。

その方が、相手の負担になりません。

あなたの周りにも、悩みを乗り越えて幸せになった人がきっといます。

その人に話を聞いてもらうことで、幸せへのヒントを手に入れましょう。

壁にぶつかっても、このようにして継続できる人が、成功や幸せを手に入れることができるのです。

❼ 軌道修正を恐れない

計画がどうしても予定通りに進まない時は、投げ出す前に、「もしかして、軌道修正が必要な時期なのかな」と考えてみるといいでしょう。

自分自身の適性を知らないままでチャレンジを始めてしまうと、目標設定自体が間違っている場合があります。

たとえば、目標が大きすぎて、とうてい届かない場合です。

そんな時、目標は人の自信を奪うことがあるのです。

そんな時は、目標を小さく立て直して、「これならできる」というところから始めてみると、挫折することを防げます。

また、チャレンジしてみたことで、当初は見えていなかったことが見えてきて、「やっぱりAを目指すよりBを目指した方が自分には合っているかもしれない」ということがわかったりします。

そんな時は、最初の目標にこだわらずに、新しい目標を立てましょう。

あなたの目的は、「目標をクリア」することではなく「やりたいことに挑戦して、人生をハッピーにすること」です。

目標に固執して、ハッピーになることを忘れないようにしてください。

時には、方向転換してもいいのです。

方向転換する方が、幸せな方向に向いていると感じるなら、間違いではないのです。

行動する時はいつも、自分を自分で修繕しているイメージを描いてみてください。

すると、うまくいかない時も次にやるべきことを探すクセがつくので、落ち込む時間が減り、心にマイナスのエネルギーが増えるのも防げます。

そして、自分をどんどん修繕するうち、あなたの人生は充実した意義あるものへと変わるでしょう。

❽ 自分を信頼する

何かを始めても続かない人というのは、自分への信頼が足りないのかもしれません。「私ならきっと最後までできる」と思える自信がないから、時間やお金などを失うことが不安で、行動を続けることができないのでしょう。

誰だって、失敗すれば自信を失います。

でも、そんな時も、「だけど、自分を信じてあげよう」と唱えましょう。

自分で考え、自分で動いたなら、その結果が失敗だったとしても、あなたの中には素晴らしい経験が蓄積されています。

そういう時に誰かのせいにしてチャレンジを辞めてしまう人は、成長しません。何も学ばないので、次に同じような問題にぶつかった時も、乗り越えられないでしょう。

失敗した時は、真っ正直にそれを受け止めましょう。

自分にまだ力が足りないことに早いうちに気づくことができれば、新しい手段を考えて成長していくことができます。

落ち込む必要はありません。

「私はまだだめだなあ。でも、この先も自分のことだし、何とか回復できるだろう」

そう信じて、何度でも立ち上がればいいのです。

失敗を他人のせいにしたり、他人に責任を押し付けることは簡単です。

しかし、その方法は「お金がないなあ。貯めるのは時間がかかるので、サラ金で借りよう」と言うのと同じです。

そんなことをしていたら、いつまでたっても成長できません。

失敗をどう受け止めるかで、その人のその後は大きく変わってきます。

失敗してもあきらめない自分を誇りに思いながら、いつまでも挑戦を続けていってください。

⑨ やり遂げた自分をイメージする

「もうやめてしまおうか？　それとももう少しがんばろうか？」

そんな風に、今取り組んでいることを続けていくか、やめてしまうか、迷ってしまうことがあります。

その迷いがいつまでも続いているなら、それは、やりたいという思いと、やらなくていいという思いが、同じくらいの大きさで、ちょうど良くバランスがとれているのでしょう。

その思いをやじろべえにたとえると、右と左についているオモリが同じ重さで、ユラユラと揺れ続けている状態といえます。

そんな時には、意識的に心の中に「続けたい」という気持ちを増やして、バランスを崩してみるといいでしょう。

どちらか一方の思いの方が明らかに大きければ、やじろべえのバランスは崩れて、

「続けるか、やめるか」という迷いは消えてなくなります。

具体的に何をするのがいいかというと、行動を続けることで得られるものを想像してみるのが効果的です。


やりたいことが思うようにできた時の嬉しさや充実感。

チャレンジが成功した報酬で欲しいものを買った時の満足感。


そういう気持ちを想像すると、やりたい気持ちが増していくものです。

「続けたいけど、でも…」

そんな風に、堂々巡りを繰り返していると、無駄に時間が過ぎるだけでなく、心の中に不安な気持ちが増えて、毎日が憂うつな感じになるものです。

「もう、堂々巡りはやめよう」と決意して、自分からあえてバランスを崩すことを、試してみてください。

⑩ 励ましてくれる人に電話する

弱気になった時、励ましてくれる人、応援してくれる人に電話をしてみるのは、単純な方法ですが、とても効果があります。

ある女性は、子育てがうまくいかず、ふさぎこんでいました。

彼女は自分自身が子供時代から両親と折り合いが悪く、親子関係で悩んでいたため、自分は子供ときちんと向き合って、大切に育ててあげようと決めていました。

しかし、子供がワガママを言うと、イライラしてきついことを言ってしまったり、時には叩きたくなったりすることがあるのです。

彼女はそんな自分を情けなく思ったり、子供を憎く思う気持ちがわいてきたりすることで、悩んでいたのです。

そんな彼女はある時、どうしても辛くなって、子育ての相談に乗ってくれるというサポートセンターに電話しました。

すると、電話口に出た女性は彼女の話を熱心に聞いてくれて、

「大変でしたね。よくがんばっていますね」

と声をかけてくれたのです。

自分なんてダメな母親だと思っていたその女性は、その言葉を聞いて、涙が出るほど嬉しくなりました。

彼女は、悩みを人に聞いてもらうことで、心の状態がマイナスからプラスへと変わっていきました。

そして、「やっぱり、私はどんなことがあっても子供のことを大切にしよう。そして、自分の目指す子育てをまっとうしよう」と決意しました。

このように、悩みを人に聞いてもらうことが、前に進む力になってくれることがあります。

悩んだ時は、一人で悩むより人に相談することで解決することがあります。

そして、意欲を継続させることができるのです。

⑪ 失敗に対するスタンスを変える

失敗が怖くて前に進めない人や、小さな失敗にショックを受けて前に進めなくなってしまう人は、失敗を大げさにとらえすぎているのかもしれません。

好きなことをしてイキイキと生きている人たちの話を聞くと、彼らも最初から順風満帆で進んできたのではなく、何度も途中で失敗しているものです。

しかし、そういう人たちは、失敗に対する考え方が違うのです。

ですから、失敗しても、前に進むことができるのです。

「失敗はしたくないけど、もし失敗してしまった時は、受け入れるしかない。そうしたら、またやり直すだけです」

「何かをやる時、絶対に失敗しないなんて、ありえない。失敗したら仕方ないし、失敗しなかったらラッキーという気持ちで続けています」

「失敗？　ああ、何回もしたよ。でも、いちいち気にしていられないよ。だって、どうしたって目標を叶えたかったからね」

つまり彼らは、行動することの価値と、失敗することのダメージを比べた時、明らかに挑戦することの方が意味が大きいと考えているのです。

それに対し、行動することが怖い人は、失敗のダメージの大きさばかりに気を取られています。

しかし、「失敗のない人生」というものは、決して、幸せな人生とは違います。

想像してみてください。

「やりたかったことをやった」時の気持ちと、「やりたくないことをやらなくて済んだ」時の気持ちは、どちらが幸せでしょうか？

イヤなことから逃げることに焦点を当てる代わりに、好きなことをやることに集中しましょう。

命があれば、何度でもやり直しができます。失敗を恐れずに行動することが大切です。

⑫ 精一杯やったら成行きにまかせる

物事にはどうあがいても上手くいかないことも、納得いかないこともあります。

やっても無意味に感じたり、自分には絶対に無理に思えることもあります。

そんな時は、やめたくなったり、あきらめたくなったりするものです。

しかし、それが到底、無理なことだと思っても、今の自分の限界でできるところまで必死でやってみてからそんなことを考えたほうがいいのです。

やるだけやって、あとは成り行きにまかせる。

やるだけやったならば、たとえ、思うような結果でなくても、私たちは成長できるし、けっして後悔もしないのです。

そして、そんな人には奇跡みたいなことが起こって本当に大逆転が起こったりするのです。

悔いが残らないと言えるくらいに必死で何かに向かってみると、「ここまでやったんだからもうどうなっても後悔しない」と思えるようになってきます。

そして、「人事を尽くして天命を待つ」という格言があるように、自分のできる限りをやったなら、後は成り行きに任せるだけでいいのです。

すると、その後の人生が変わってきます。

中途半端にやっておきながら、誰かが成功した時に、

「自分ももっとやればよかった」

「本気を出せば私にもできた」

などと言う人がいますが、必死で向かっていったから、成り行きに任せても運が味方してくれるのです。

何もやっていない人が成り行きに任せても、ユラユラと人生を漂流するだけです。

精一杯やったといえるところまでやりきった人には、必ずご褒美があります。

結果よりまず、やるだけのことをやる。

それができる人に、挫折はありません。

第7章

「人に喜びを与える」習慣

この本は、行動することで運命が望み通りに変わっていくことを示した本です。徳とか親切心とかとは、一見、何の関係もないように見えます。しかし、自分の人生を望み通りに動かしていくためには、人を喜ばせることや、人に感謝の気持ちを示すことなどが、とても大切なことで、それを切り離して考えることはできません。なぜなら、この世には宇宙銀行というものがあって、そこに積み立てた徳の額が多くなると、その人の元にいいことが起きるからです。反対に、宇宙銀行に徳の預金がないと、どんな努力も無駄になってしまうことがあります。宇宙銀行は平等です。人のために良いことをすれば、その人を幸せにし、そうでない人には味方しません。夢を叶えるために、宇宙銀行の仕組みを知っておくことは、とても大切なことなのです。

❶宇宙銀行に徳を積むと夢が叶う

人に親切にすると、あなたの夢が叶いやすくなります。

なぜなら、この世には「宇宙銀行」というものがあって、宇宙銀行に徳を積んだ分だけ、幸せになれるという法則があるからです。

徳は、誰か自分以外の人を喜ばせることで、どんどん増えていきます。

人は喜ばれる存在にならなければ、本当の成功者にはなれないのです。

「こんなに努力しているのに、成果が出ない」という人は、宇宙銀行の徳の積み立てが少ないのかもしれません。

あなたにビジネスの才能があっても、徳を積む努力を怠っていれば、宇宙のエネルギーを味方につけることはできないのです。

あなたは、ユダヤ人に成功者が多いという話を聞いたことがあるでしょう。

実は、ユダヤ人の人口は世界人口のたった〇・二%しかいないのに、ノーベル賞受賞者の五人に一人がユダヤ人です。

それほど、ユダヤ人は賢い民族として知られています。

そのユダヤ人には、「什一税」（じゅういちぜい）といって、収入が入ったらその十分の一を社会事業などに寄付する習慣があるそうです。

ユダヤ人はお金にシビアだといわれています。

それなのに、お金を寄付するのは、人のためにお金を使うことが徳積みとなって、自分たちの成功につながるという真理を知っているからでしょう。

昔から世界中で迫害を受けていた彼らは、幸せになるための方法を必死で探し、宇宙銀行に徳を積むことを発見したのかもしれません。

もしかすると、ノーベル賞の受賞者が多いのも、彼らが宇宙銀行にたくさんの徳を積んできたことと関係があるのではないでしょうか？

また、ユダヤ人にお金持ちが多いのも、宇宙銀行の考え方によるものかもしれません。

❷ いいことをすると自分も嬉しい

徳を積み立てると聞くと、「自分を犠牲にして、相手のために尽くす」というようなイメージを持つ人もいるでしょう。

しかし、徳を積むことの効果は、ただ相手を喜ばせるだけではないのです。

やってみるとわかるのですが、人に喜ばれると、自分自身もとても嬉しいものです。

言葉にはパワーがあることはすでに述べましたが、すべての言葉の中で一番大きなプラスのエネルギーを持っているのが、「ありがとう」です。

誰かに喜ばれることをして、「ありがとうございます」と言ってもらうと、あなたの心には大きなプラスのエネルギーが生まれます。

ですから、人に親切にしたり、困っている人の力になって、「ありがとう」という言葉をたくさん受け取ることで、あなたの運はどんどん上がっていくのです。

「ありがとう」という言葉が聞けなかったとしても、いいことをすると自分の心が喜びます。

インドにあるマザーハウス（マザーテレサの作った恵まれない人をサポートするための施設）には、世界中からボランティアをしたい人たちが集まってきます。

マザーハウスでは、路上で生き倒れになった人たちや、ケガをしたけれど手当もできずに苦しんでいるような人が運ばれてきます。

運ばれてくる人たちは今まで人から優しくされたことがないので人間不信になっていることが多く、その上、死の恐怖を前にして不安になっているので、ボランティアに暴言を吐く人も少なくないそうです。

それでも、ボランティアの人たちは彼らを親切にサポートし、「ここに来て良かった」と言って、来たばかりの頃よりもずっと幸せそうな顔をして自分の国に帰っていくそうです。

人に喜んでもらうと嬉しいというのは、人間の本能なのかもしれません。

自分のためにも、いいことをするのは素晴らしい行為なのです。

❸ 楽な生き方より徳を積む生き方

イヤなことはしないで生きていきたい。

好きなことだけして毎日を過ごしたい。

楽しいことしかしたくない。

そういう考えを誰でも持ったことがあるでしょう。

そう考えるのは、別に悪いことではありません。

しかし、これだけは忘れないでください。

今、イヤなことをしないで好きなことをして生きている人たちは、宇宙銀行にたくさんの徳を積んできた人たちです。

宇宙銀行にまったく貯えがないのに、楽しく暮らしている人がいたとしたら、その生活は長続きしません。その生活は一時的なものに終わるはずです。

それが宇宙の真理だからです。

あなたの心に「楽なことだけしたい」という気持ちがあっても、本当にそれだけしていては、楽にはなれないし、目標にも到達できません。

幸せな自分になるためには、徳を積むことが欠かせないのです。

「一日一善」という言葉があります。わかりやすく言えば、「一日に一回以上、人のためにできることをする」ということです。

人に親切にすること、電車の中で席を譲ること、会社に早く行ってみんなの机の上をふくこと、家の近くの道路のゴミを拾うこと、人に道を教えてあげること…。

一日一善をするチャンスは、誰の毎日の中にも転がっているはずです。

徳を積むことは、決して難しいことではないのです。

楽な生き方を意識しても、怠け心が生まれるだけです。しかし、毎日の生活で、徳を積むことを意識して、実行していくと、あなたの周りにはいいことが集まってくるのです。

「与えたものが与え返される」これが宇宙の法則なのです。

❹ ネガティブな気分を早く手放す

怒りや悲しみなど、心の中にネガティブな思いが残っていると、徳を積むことが難しくなってしまいます。

怒りや悲しみは、エゴの感情から生まれることが多く、エゴの感情は親切心や思いやりとは正反対のものだからです。

あなたがもし、感情の起伏が大きく、すぐに怒ったり悲しくなったりするタイプなら、感情の波を抑えて、平常心でいられる時間を増やす訓練をしてみるといいでしょう。

今度、無性に腹が立って仕方ない時や、悲しくてどうしようもない時は、その感情の波におぼれないで、そんな自分を客観的に見てみてください。

「ああ、今日の私は随分と怒っているな。まあでも、仕方ない。あんなひどいことを言われたら、誰だって腹が立つものだ」

「今回は随分と涙が出るなあ。それだけ、相手に期待していたということだな」

そうやって、自分の気持ちを客観的に分析してみると、だんだんと気持ちが落ち着いてきます。

それができたら、今度は、自分で自分をなだめてみましょう。

「腹が立つのはわかるけど、怒ってもいいことないから、ちょっと外に出て散歩でもしてみようよ」

「少しだけ泣いていいよ。でも、明日は笑って出かけよう」

そんなふうに自分に冷静に声をかけることで、少しずついつもの自分に戻れるはずです。

不安な気持ちや、憂うつな気持ちは、自分以外の誰かが原因で生まれるものです。

しかし、自分で必ずぬぐいさることができます。

ネガティブな感情から抜け出せるようになったら、少しずつ徳を積むことを始めてみましょう。

❺ 見返りなど必要ない

あなたがいいことをしても、誰も感謝してくれない時もあります。

世の中には、人から親切にされても、「ありがとう」と言えない人も少なからずいるのです。

そういう人と出会った時は、悲しい気持ちになるかもしれません。

「非常識な人だな。人から親切にされて、お礼も言えないなんて」

と不愉快な気分になることもあるでしょう。

そんな時は、宇宙銀行のことを思い出してください。

自分が相手のためを思ってしたことに、「ありがとう」という返事が返ってこないと、誰でもちょっと損をした気分になるものです。

しかし、相手には誠意が伝わらなかったとしても、宇宙銀行にはちゃんと徳が積みあがっています。

ですから、いいことをして、「損をした」ということは絶対にないのです。

つい、お礼の言葉を期待してしまうという人は、これから、人に何かしてあげる時は、

「相手に感謝されなかったとしても平気。宇宙銀行に預金が増え、いずれいいことが返ってくるのだから」

というような、ある種の割り切りを持って取り組むといいかもしれません。

他人がお返しとしてしてくれることは、すべて予想外のプレゼントと考えるくらいでちょうどいいのです。

反対に、誰も見ていないからといって、悪い行為をすると、必ずしっぺ返しがやってきます。

一生懸命に働いても、行動しても、宇宙銀行の徳の預金がマイナスになってしまえば、あなたの願いは叶えられなくなってしまいます。

神様は、あなたのすべてを見ています。

❻ 徳を積むと協力者が現れる

徳を積んでいくと、ピンチに強くなります。

具体的に言うと、徳を積んでいる人たちは、困ったことがあっても、必ずどこかから助けの手がさしのべられるのです。

目標に向けてがんばっている時、応援してくれる人や、助けてくれる人がいることは本当に心強いことです。

宇宙銀行に徳を積んでいくと、必ずといっていいほど、苦しい時にあなたの力になってくれる人が現れます。

伝記をたくさん読んでいる人は気付いているかもしれません。

偉人たちの中には、絶体絶命というピンチになった時、協力者が現れて、そこからまた成功に向かうことができた、という経験をしている人がたくさんいます。

そう考えると、大きな業績を成し遂げている人ほど、宇宙銀行にたくさんの徳の預金があったのかもしれません。

反対に、自己中心的で、周りの人に迷惑をかけたり、嫌がられるようなことばかりしている人は、大切な場面で、人から裏切られたりして、チャンスをつかむことができません。

徳の預金が足りないので、神様から助けを得ることができないのです。

宇宙銀行というと、とても漠然としたものを思い浮かべる人が多いと思います。

しかし、宇宙銀行は、私たちの生活にとても密着していて、具体的に私たちを助けてくれるものです。

「宇宙銀行なんてないよ」

といって、傍若無人なふるまいをしている人は、損をしているといえるでしょう。

宇宙銀行の仕組みを上手に活用することで、あなたの人生は楽しく成功に向かっていけると思います。

❼お世話になった人に手紙を書く

あなたが手紙を書くことで、喜んでくれる人がいます。

子供のころにお世話になった親戚のおばさんや、学生時代によく心配をかけた恩師など、あなたが今頃何をしているのか、時々思い出してくれる人は、全国に何人もいるはずです。

そうやって、あなたを心配してくれている人に手紙を書くことは、徳を積むことになります。

内容は、短くてもいいのです。

大切なのは誰かのために、何か行動を起こすということです。

そして、彼らに感謝の気持ちを伝えると同時に、その人たちに喜んでもらうことが重要なのです。

手紙と一緒に笑顔の写真を同封すれば、さらに相手は喜んでくれるでしょう。

ただ、普段から手紙を書きなれていない人にとっては、手紙というのは結構面倒なものです。

ですから、自分が筆不精だと思う人は、何かのついでの時に、便箋と封筒と切手をまとめて買って机の上に置いておき、時間ができた時にサササッと書けるよう準備をしておくといいでしょう。

懐かしい人の顔を頭に浮かべながら手紙を書くことは、自分の気持ちを前向きにする効果もあります。

「お世話になった先生に立派な報告ができるように、がんばろう」

「応援してくれる人たちがあるから、今の自分がいる。ありがたいことだ」

と思っているうちに、心にはプラスのエネルギーが増えていきます。

大切な人への手紙を書くことは、相手のためにも、自分のためにもなる、とてもいい方法です。

あなたもさっそく、お世話になった人に感謝の手紙を書いてみましょう。

❽ 自分を好きになると行動することが怖くなくなる

徳を積む相手は、他人だけではありません。

運気を上げるには、自分自身に優しくすることも大切です。

「私はなんてダメな人間なんだ」

と自分自身のことを悪く言ったり、自分を責めたりすれば、心にはマイナスのエネルギーがたまります。

そして、心にマイナスのエネルギーが多い人は、宇宙銀行から届けられる贈り物を受け取ることができないのです。

「あの人は、あんなにいい人なのに、苦労ばかりしていてかわいそう」

「どうしてあの人ばかり、悪いことが起こるのかね」

と他人から言われるような人は、他人には優しいけれど、自分には冷たいのかもしれません。

他人に親切にして、しかも同じように自分に優しく接することで、宇宙銀行の徳の預金がさらに増えます。

自信がない人は、何ごとも自分を責めてしまいがちです。

しかし、何か失敗するたびに、「自分のせいだ」と考えて落ち込むのは、もうやめましょう。

うまくいかない時も、自分を責める必要はありません。

当然、自分の生まれた環境とか学歴とか、外見のこととかで、自分の価値を決めることも間違っています。

大切なのは、その人の考え方であり、その人がとった行動です。

他のものにとらわれてはいけません。

どんな自分も、認めてあげましょう。

「アイラブミー」な自分になることで、宇宙銀行からの贈り物を受け取る機会が増えていきます。

❾ 目の前の人はみんなお客様

子供の頃は、誰が相手でも先入観を持つことなく、すぐに友だちになることができました。

大人になると、それが簡単にはできなくなってしまいます。

つい、初対面の人に会うと、品定めのような目で相手を見てしまうようになるのです。

「この人は自分にとって得な人だろうか、損な人だろうか？」

「自分のやりたいことに関係がある人かな？」

相手の名刺を受け取りながら、そんなふうに考えてしまうという人は多いのではないでしょうか？

この考えを持っていると、自分の世界を狭めることになるかもしれません。

なぜなら、人に会うということは、相手に徳を積むチャンスだからです。

ですから人と会ったらみんな、自分のお客様のような気持ちで、分け隔てなく徳を積む対象と考えればいいのです。

人を品定めするのをやめて、会う人みんなを自分のお客様として対応すると、宇宙銀行にはどんどん徳が積みあがって行きます。

また、あなたの目の前に現れる人は、すべて意味があって現れています。

今現在、世界中には六八億人以上もの人がいるといわれています。

その中で、言葉を交わすほど近くにいる人というのは、ごく限られた人数でしかありません。

その人たちとの出会いは、偶然ではなく、必然として出会っているのです。

そう考えることで、人との出会いが神秘的で、すばらしいものに思えてくるでしょう。

人との出会いは、徳を積むチャンスであり、あなたの人生に変化をもたらす絶好の機会なのです。

⑩ 大嫌いな相手を許す

心の奥にネガティブな思いが隠れていると、マイナスのエネルギーがどんどん増えてしまいます。

そうすると、せっかく徳を積んで運気を上げようとしても、マイナスのエネルギーに邪魔をされて、チャンスを受け取りにくくなります。

ですから、昔の恋人に対する未練や、誰かに対する憎しみの記憶がある人は、自分のためにも、相手を許す方がいいのです。

あなたにも、考えただけで頭がカッカしてくるような、屈辱的な経験があるかもしれません。

「あの時に自分をバカにした相手を見返したい」

「あいつだけは許せない」

そういう気持ちは、いつまでたっても自然には消えていかないものです。

しかし、そのマイナスの記憶が、あなたの人生が前に進むことを邪魔していると考えたら、どうでしょう。

過去を振り返って怒ったり悔やんだりすることが、自分にとって良くないことがわかれば、相手を許していいような気持ちにもなるのではないでしょうか？

どうしても怒りや恨みが胸にわいてきた時は、

「あのことはもう終わったことだ。クヨクヨと考えるのはやめて、次の一歩を踏み出そう」

「もう過去の記憶にとらわれるのはやめよう。それより、明るいことを考えよう」

と、前向きな気持ちに塗り替えていきましょう。

心の奥に蓄積していたマイナスのエネルギーが消えていくと、毎日の生活に楽しい時間が増えていくでしょう。

それは偶然ではなく、マイナスのエネルギーが消えたことで、神様があなたにごほうびをくれているからなのです。

エピローグ

行動できる人になる生活術

人生を好転させるために私たちにできることは、目標に向けて行動することだけではありません。

私たちは、普段の生活の中でも、心にプラスのエネルギーを増やし、運気を上げていくことが可能です。

毎日の言葉遣い、毎日の表情、毎日の行動。それらの習慣を意識することで、心の中のプラスのエネルギーはどんどん増えていきます。

また、少し意識してみることで、フットワークを軽くし、行動力を鍛えることもできます。

突然変異のように、明日から運命を変えることはできません。

しかし、あなたが今日から一つずつ、毎日の習慣を変えることで、遠い未来は確実に変わり始めるでしょう。

❶部屋をキレイにする

住んでいる場所は、その人の考え方や人間性をよく表しています。

キレイに整頓されて、イキイキとした花やグリーンが飾られている部屋に住んでいる人は、心にも余裕があります。

反対に、いらないものが一杯で足の踏み場もないという人は、実際の生活でも余計な仕事や用事ばかりに時間をとられて、大切なものを見失っている確率が高いといえます。

もし、あなたの部屋がいつも散らかっていて、不用品がたくさんあるというなら、その習慣を改めましょう。

そういう部屋に住んでいると、心にはマイナスのエネルギーがたまり、良くないことを引き寄せるからです。

散らかっている部屋は、何がどこにあるかわからないので、いざ行動を起こそうとしても、必要なものも見つかりません。

部屋をキレイにすると、心の中までスッキリします。

いらないものを処分して、自分の身の回りの環境をスッキリと整えることで、グチャグチャの頭の中や、モヤモヤした心の中も整理することができます。

お金持ちの家がテレビなどに映ると、驚くほどキレイです。彼らは、身の回りをキレイに保つことが、運気を上げることを知っているのでしょう。

ホテルのインテリアや、よく手入れされた庭など、整然としていて美しいものは、人の心を落ち着かせます。

このように、環境が人の心に与える影響は私たちが思っているよりずっと大きいのです。

部屋をキレイにすると気持ちがいいので、心にもプラスのエネルギーがたまります。

いらないものを処分して、ツキをアップさせましょう。

❷前向きな言葉を使うクセをつける

言葉が私たちの生活に与える影響というのは、私たちが思うよりもずっと大きいものです。

誰に対して言った言葉でも、その言葉は本人に戻ってきて、その人の心に影響を与えます。

自分がいい気持ちになれる言葉を使っていると、その言葉が自分の耳から入ってくるために、心にプラスのエネルギーが増えて幸運を呼び込みます。

逆に、人の悪口を言ったり、うわさ話ばかりしたりしていると、「嫌い」「ムカつく」「イヤだ」などのマイナスの言葉を使うため、心にはマイナスのエネルギーが増えてマイナスの出来事を呼び込むようになるのです。

ですから、あなたも幸運を願うなら、自分の口から発する言葉を、すべて「肯定の言葉」にしましょう。人生で起きる様々な物事や、そこから起きる自分の感情を、すべて肯定していくのです。

どんなにマイナスの言葉が頭をよぎったとしても、

「私にはできません」

「やっぱり無理かもしれない」

などといった否定的な言葉をできるだけ言わないように心がけましょう。

「なんだかんだいっても、最後はうまくいくんだ」

「絶対に実現するよ」

そんなふうに、肯定の言葉だけを口にするようにするのです。その言葉は、私たちの心の中に「信念」という力強いエネルギーを生じさせ、その信念が「行動力」という力を呼び起こします。

肯定の言葉は、幸せを願う私たちの、強い味方なのです。

❸自分をほめる習慣を持つ

自分をほめる習慣を持つと、心にプラスのエネルギーが増えやすくなります。

「今日はよくがんばったぞ。我ながら立派だと思うよ」

「私はなかなかいい顔をしているなあ。ハンサムというほどでもないけど、悪くないんじゃないか？」

「部長に叱られた時、よく耐えたぞ。週末は美味しいものを食べてゆっくり休んで、来週またがんばろう」

というようにやってみるのです。ほめ言葉は他人からかけられたものではなくても、嬉しいものです。

ただ言葉をかけるだけでなく、鏡を見ながら自分と会話してみるのもオススメです。

自分の表情を見ながら自分のことをほめたり励ましたりしているうちに、自分を好きになり、自信がつくという効果も期待できます。

自分に話しかける時は、いつも肯定的な言葉を使うことに注意してください。

落ち込んでいる日も、「僕はダメなやつだ」と自分のことを悪く言うのをやめてください。

自分を卑下したくなったら、「そんなことない。僕にだって、いいところはたくさんあるじゃないか」と自分を励ましましょう。

そうやって自分を肯定し、自分の心からマイナスの感情を減らしていく習慣を持つことで、打たれ強い人間になることができるでしょう。

誰も見ていないのですから、誰にも遠慮せず自分をほめてください。ほめすぎくらいでちょうどいいのです。

そんな小さな行動が、心にプラスのエネルギーを増やして、なりたい自分に近づいていく後押しになってくれます。

❹笑顔を絶やさない自分になる

心にプラスのエネルギーを増やすために、とてもいい方法があります。

お金もかからないし、時間もかかりません。誰かに協力を頼む必要もありません。

その簡単で素晴らしい方法とは、いつも笑顔でいる、ということです。

「楽しいから笑うのではない。笑うから楽しいのだ」

という言葉があります。

試してみるとわかるのですが、別に楽しいことがなくても、口角をキュッとあげてみると、それだけで心が明るくなってきます。

悲しいことがあった時、悲しい顔でいると、どんどん暗い気持ちになります。

しかし、悲しい時でも無理にでも笑顔を作って、

「大丈夫。なんとなるさ」

と言うと、本当になんとかなるような気になってきます。

また、笑顔は他人との関係をスムーズにする潤滑油です。

あなたの笑顔を見た相手は、

「この人は私のことを受け入れてくれている」

と感じ、あなたに好感を抱きます。

あなたの周りの幸せそうな人たちや、人気のある人たちを思い出してみてください。

その人たちは、ほかの人に比べて、笑顔でいる時間が長いのではないでしょうか？

その人たちを見習って、誰かと話す時だけではなく、一人でいる時も、仕事をしている時も、口角を上げて楽しそうな表情をしていましょう。

それだけで、あなたの心にはプラスのエネルギーが増えて、周囲にいいことが集まってきます。

また、自分自身もいい気分でいられるので、生活のストレスが減っていくのです。

❺リラックスで自分をリセットする

目標が大きくなればなるほど、長期戦になるものです。

するとと、どうしても疲れが出やすくなります。

「計画が思ったように進んでいかない」

「なかなかゴールが見えない」

そんな状態が続くと視野が狭くなって、小さなことに一喜一憂しやすくなる傾向も強まります。しかし、ひとつひとつのことにいちいち一喜一憂してしまうと、感情に揺さぶられて、冷静な行動ができなくなってしまいます。

よく言われることですが、何か行動する時は、熱いハートとクールな頭脳が不可欠です。

そして、クールな頭脳を保つためには、適度なリラックスが必要といえます。

ここで少し、脳の話をしましょう。

脳は、活発に動いている時は温度を上げ、休んでいる時には温度を下げます。ところが、ストレスをためる生活を続けていると、脳が興奮して、脳の温度が上がりっぱなしの状態になってしまいます。

脳の温度が上がりっぱなしだと、脳はきちんと休むことができず、なかなか眠れなかったり、睡眠をとっても疲れが取れなかったりする状況に陥ります。

こういう状態が続くと、脳がうまく働かなくなってしまい、冷静な判断ができなくなってしまうのです。

そう考えると、何かを達成したい時は、リラックスする習慣を持って、ストレスをためないようにしながら、脳を休ませることが大切だということがわかります。

銭湯に出かけて手足を伸ばして入浴する。

寝る前に楽しかったことをイメージする。

そんなふうに、自分の心と体がホッとできる方法があるでしょう。

ガムシャラに動くだけでなく、定期的にリラックスすることを心がけましょう。

❻感動体験を増やす

旅行中に起業する決心がついて、帰国後すぐに手続きを進めた。

恋愛映画を見たら恋人と結婚する決心がついて、映画館を出てすぐにプロポーズの電話をした。

本を読み終えた後、転職する決心がついて、次の日に会社に辞表を出した。

というような話を聞くことがあります。

彼らの共通点は、「感動」体験をしたことで、行動が加速したということです。

感動は、「感じて動く」という言葉からできています。

つまり、人は心を揺さぶられるような気持ちを経験することで、行動する力がわいてくる生き物だということです。

あなたの毎日に感動が足りないなら、一人で旅に行くことをオススメします。

旅行に行くと、日常生活の中で凝り固まった考え方に、変化が生まれるきっかけになります。

また、学校や仕事といった「やるべきこと」から解放されて、一人でじっくりと考える時間が持てるので、今までごまかしてきた自分の本心と向き合うこともできるでしょう。

旅行中に出会う人たちの色々な価値観に触れて、凝り固まっていた考え方に変化が生まれることもあるでしょう。

今まで見たことのないような美しいものや珍しいものを見て、心が揺さぶられる経験もできるかもしれません。

つまり、旅行はたくさんの「感動」を味わうことができるいい機会なのです。

また、旅行は感動の連続なので、心にもプラスのエネルギーが増えます。その証拠に、旅行から帰ってきたばかりの人の顔は、イキイキと輝いています。

遠くへ行く旅行でなくてもいいのです。

近場であっても日常から離れた街を歩くことで、あなたの心に変化が訪れるでしょう。

❼健康的な生活を送る

健康は、すべての基本です。

元気がないと、出かけることに消極的になり、人に会う機会も減ります。そうすると、チャンスをつかむ確率が下がるうえに、徳を積むこともできません。

あなたがもし、健康に良くない生活習慣を持っているなら、できるだけその点は改善していった方がいいでしょう。

たとえば、夜型の生活をしているなら、朝型の生活スタイルに変えることにチャレンジしてみてはどうでしょうか？

夜の一二時～深夜二時までの睡眠は、脳と体をぐっすりと休める効果があります。この時間にきちんと睡眠をとって、その分早く起きることで、気持ち良く一日を過ごせるはずです。

食生活も無視できません。

いつもコンビニ弁当や外食ばかりだと野菜が不足するので、できるだけ自炊したり、手作りの惣菜を選ぶようにしましょう。肉食ばかりの食事は体にとって良くありません。

人は、自分が食べた物でできています。ですから、食生活を変えると、体調が良くなります。

体調が良くなると、「疲れた」というマイナスの気持ちを感じる代わりに、「気持ちいいなあ」「まだできる」というようなプラスの気持ちを感じやすくなるので、心にプラスのエネルギーをためる効果もあります。

また、運動不足の人は散歩をしたり、寝る前に少しでいいので家の中でストレッチする習慣を取り入れたりするのもオススメです。

忙しい毎日を送っていると、健康的な生活なんてムリ、と思ってしまいがちです。しかし、少し意識を変えることで、自分の健康レベルを変えていくことは、誰にでもできるのです。

❽思いついたことのメモを取る

人の記憶力は、意外とあいまいなものです。

ドイツの有名な心理学者エビングハウスは、人の体験と記憶の関係について実験をしました。

その結果、記憶は二〇分後におよそ四二%を忘れ、一時間後にはおよそ五六%、九時間後にはおよそ六四%、六日後にはおよそ七六%を忘れてしまうということがわかったそうです。

私たちが目標に向かって行動する時、頭の中にたくさんのアイディアが浮かんでは消えて行きます。

そのアイディアを忘れずに活用することができれば、行動を後押ししてくれます。

そこでオススメなのが、いつもメモ帳を持ち歩いて、頭に浮かんだアイディアをメモに残すということです。

例えば、ある女性編集者は、いつもメモ帳を持ち歩いていて、仕事に関係するアイディアが浮かぶと、それを書き留めて仕事に生かしているそうです。

「メモを使っていなかった頃は、電車の中でアイディアが浮かんだのに、会社に戻ると忘れている、ということがよくありました。

仕事に限らず、家族とケンカした翌日は、仲直りの言葉を考えてメモしたり、友だちと買い物に行く予定があれば、行きたい店や買いたいものを書き留めたりもします。メモしたことを全部使うわけではありませんが、メモがあって助かったという場面は数え切れません。まだ使っていない人には、ぜひオススメしたいです」

と彼女は言っています。

メモは、私たちの心にポッと浮かんだアイディアや気持ちを、きちんと記録してくれる素晴らしい存在です。

メモを活用することで、自分の行動に無駄がなくなり、目指す方向へ短時間で向かうことが可能になるでしょう。

❾その日一日のテーマを決める

ひとつのことを続けて、なかなか成果が見えないと、飽きてくることがあります。

「なんだか、最近つまらないな」

「がんばっても成果が出ないし」

と思った時は、心が少し疲れているのかもしれません。

そこでオススメなのが、毎日、朝起きたらその日のテーマを決めて、行動するということです。

「今日は前向きな言葉を使うことをいつも以上に意識してみよう」

「今日は積極的に自分から人に話しかけてみよう」

「今日は新しい何かをしよう」

「今日は新しい人と会おう」

というように、そんなに難しくないけれど、意識しないと忘れてしまうようなことをテーマにするのがいいでしょう。

やってみるとわかるのですが、何もテーマを持たずに一日を過ごすのと、テーマを意識しながら一日を過ごすのとでは、積極さが変わってきます。

一日を過ごす姿勢が、受け身の状態から能動的な感じに変わるのです。

そのため、テーマを持っていると、ダラダラしたり、ボーっとしたりすることを防げるようになります。

また、テーマをクリアするたびに、嬉しい気持ちになるので、心にプラスのエネルギーを増やす成果も期待できます。

毎日、手帳にその日のテーマを書いて、帰宅の電車の中で○をつける習慣を持つのもいいでしょう。

ちょっとしたことですが、飽きずに毎日、前進していけるようになります。

⑩伝記を読む

昔から、成功する人の多くが、読書の習慣を持っています。

中でも、伝記を読む習慣を持つと、私達の人生はとても充実します。

なぜなら、伝記を通じて、たくさんの人の人生を仮想体験することができるからです。

チャレンジをして成功を収めた人の話は、時代に関係なく参考になる部分が多いものです。

信じられないような苦労を乗り越えて、自分の信じた道を進んできた過去の偉人たちをたくさん見つけることができます。

中には、生まれつき裕福な家庭に生まれ、何不自由なく育った人が出てくる伝記もあります。

しかし、とても不幸な生い立ちだったのに、大きな成功を収めて、幸せな人生を謳歌した人たちも多いものです。

例えば松下幸之助は、体が弱く、学歴やお金もなかったのに、どんな逆境の中でも前向きな考えと行動を続けて、大きな実績を残しました。

彼はよく、「こけたら立ちなはれ」と言ったそうです。ほんの短い一言ですが、人を奮い立たすパワーが込められているのを感じます。

あなたがもし、「自分は環境のせいでうまくいかない」と思っているなら、松下幸之助の経験から多くのことを学べるでしょう。

過去の成功者は、あなたにたくさんのことを教えてくれます。

わざわざ買わなくても、図書館にはたくさんの伝記があります。朝の通勤電車の車内などで読むと、その日一日を元気に過ごせるかもしれません。

伝記の中から好きな言葉を抜き取って手帳に書いておくのもオススメです。

⓫悪い習慣を手放す

いい習慣を身につけると同時に、悪い習慣を手放すことも大切です。

例えば、大人になってもゲームが好きな男性は多いものです。

しかし、本気で自分の夢を叶えたい人や、自分の理想の生活に近づきたいという人は、ゲームをやる習慣を手放した方がいいかもしれません。

なぜなら、ゲームを行うには多くの時間を必要とするのに、ゲームをやることで得られるのはその場限りの楽しさだけだからです。

まだ小さい子供なら、友達とのコミュニケーションに役立てることもできるかもしれません。

しかし、大人になってからゲームをやっている人のほとんどは、その場限りの楽しみが目的でしょう。

それでいて、ゲームに夢中で徹夜をするような人もいます。

徹夜をすれば、当然体力が落ちて、元気がなくなります。徹夜をしなくても、長時間同じ画面を見ていれば、目が疲れて、脳にも負担になるのです。

そう考えると、目標を持っている人にとって、ゲームをやる時間は、メリットよりもデメリットの方が多いといえるでしょう。

どうしてもゲームが好きで、我慢する方が自分のストレスになるのなら、一日に三〇分とか、時間に制限を付けてやるという方法をとるといいかもしれません。

とにかく、ダラダラと時間を使うことは、避けた方がいいといえます。

あなたが、自分で「これはやめた方がいいと思う」と思う習慣があるなら、変えていく覚悟を持ちましょう。

何かをやめれば、新しいことを行う時間が生まれるものです。

その時間を、自分の夢のために使う方が、ずっと充実した毎日を送れるはずでしょう。

⑫自分の心と向き合う時間を持つ

行動を続けることに、終わりはありません。

人は生まれてから死ぬまで何かを決断し、前に進むために行動します。

その決断と行動の回数が多ければ多いほど、その人は様々な経験をして、人生を楽しむことができるでしょう。

そこで大切にしたいのが、行動を繰り返す中で、定期的に自分の心と向き合う時間を持つということです。

できれば毎日、短時間でいいので、電車の中や布団に入る前などに、「自分の心が今、どんな状態にあるのか。何を求めて、どこに向かいたいと感じているのか」などについて考えてみてください。

そしてできれば、週に一回くらいは、一人で静かになれる場所と時間を用意して、ゆっくりとその週にあった出来事を振り返りながら、自分の心を点検する時間を持つといいでしょう。

心がマイナスに傾いていると感じたら、楽しいことを増やす時間を増やしてください。心がプラスのエネルギーで一杯なら、その勢いを利用して、どんどん行動範囲を広げていきましょう。

そうやって、自分の心の状態を知ることで、次の目標が立てられるし、間違った方向に進むこともなくなります。

この習慣を生活の中に取り入れると、自分の感情に振り回されて、時間を無駄にすることがなくなります。

がむしゃらに動くことは、時として体や心を痛めます。

自分の心と相談しながら、自分らしいやり方で行動を続けることが、着実に幸せに向かうために欠かせないのです。

「行動力」で成功する人の7つの習慣

著 者 植 西 聰
発行者 真 船 美 保 子
発行所 ＫＫロングセラーズ
〒169-0075 東京都新宿区高田馬場2-1-2
電 話 03-3204-5161(代)
http://www.kklong.co.jp

印刷 太陽印刷 製本 難波製本

ISBN978-4-8454-0840-5

Printed in Japan 2010